AUTOFAGIA

Livro I
Tempos Sombrios

LEONID R. BÓZIO

ISBN-13: 978-85-923882-1-8

JEZU UFAM TOBIE![i]

www.DomLeon.com.br

Sumário

Crux Sacra sit mihi lux
Non draco sit mihi dux
Vade retro satana
Numquam suade mihi vana
Sunt mala quae libas
Ipse venena bibas[ii]

Autofagia
Livro I

Tempos Sombrios

*Eu pressinto o cintilar
das luzes que ao longe
vão marcando o meu retorno.
São as mesmas que alumbraram
com seus pálidos reflexos
profundas horas de dor.*[iii]

Volver, Gardel e Le Pera[iv]

1. O postulante contraditor

Um mundo submetido à luz solar geralmente permite as formas serem desveladas e percebidas com maior facilidade, no entanto, nesse ciclo, a claridade parece não fazer sentido. O primeiro momento do Grande Sufrágio se aproxima e a vida é articulada em tempos sombrios. Tudo isso é irrelevante, pois nada supera a escuridão proclamada pela ignorância humana.

Na transição da parte clara para a parte escura do formado dia, Lino, um laborador por direito, orienta-se desorientado no caminho para o local de suas funções. Havia completado trinta ciclos solares, período suficiente para ter criado as suas próprias clausuras. Está na parada da condução, mesmo cercado de viventes, sente uma grande solidão. Olha ao seu redor buscando as gentes e as formas, sendo animadas ou inanimadas, são desveladas na luz cobreada formada pelo Sol poente e o denso, turvo e empoeirado ar.

Não há vento algum.

O único movimento proclamado no mundo é o murmúrio das inquietudes dos circundantes. Cada qual em uma clausura.

Uma clausura para si, nela, Lino é o seu próprio inimigo. Consome seu próprio corpo, em cada sonho desistido, no amor perdido, nas conquistas renunciadas, nos relacionamentos esquecidos.

Consome a si na desistência da própria vida. Na desistência da própria vida, sua clausura é articulada. O pavor pulsa quando o conformar-se é a melhor saída para não se frustrar.

Se pouco ânimo existe para a própria vida, nenhuma vontade habita seu corpo para as decisões e escolhas de uma vida partilhada na coletividade. Da vida coletiva, Lino tenta escapar.

Tenta.

Uma esquiva é o reflexo da fraqueza.

Tentando habitar o mundo, Lino buscou nos estudos, trabalho, relacionamentos, a fuga de si. O buscado é inevitável, não há encontro. É o seu próprio inimigo. Sendo seu próprio inimigo, proclamador de sua clausura mediante um grande vazio, a mortalha está firmada em cada respiração.

Inspirar.

Espirar.

Inspirar e espirar em uma atualização contínua para a manutenção da vida.

O movimento é incessante.

Poderia cessar?

Poderia.

Poderia, no entanto, não é o momento.

Na própria respiração surge um pequeno encontro consigo. Lino, engajado em compreender o mundo, no seu mundo, busca sentir o próprio corpo. Algo simples, jamais, simplório. Nessa condição de vida, esse artifício o ajuda no distanciamento da agonizante experiência de estar vivo.

Expirou.

A manifestação do espirro desvelou a sua relação frágil, e, ao mesmo tempo, intrínseca com o mundo. O mundo, naquele momento, oferta um ar seco, denso, turvo de poeira e algo mais.

O ar é palpável.

Sendo o ar palpável, a simples respiração está

convertida em uma atividade densa, turva e algo mais. Lino, ao expirar, encontra a debilidade do próprio corpo mediante o ar corporificado. Lino, titubeia em conceber o próprio corpo mediante ao tempo, mediante ao mundo.

No espirro, em um lapso, concebe o próprio corpo habitando um mundo. Seu mundo.

Expirou mais uma vez. E outra e mais outra!

Na brusca expulsão do ar de seu corpo, transfigura um novo sentido para a própria sequência do inspirar e espirar.

Inspirou e espirou.

Após o espirro, emerge a deixa para voltar no seu mundo: em cada respiração a própria sentença. Em cada respiração a contagem do tempo. Ao expirar, o ciclo é rompido. Começou a entrar em pânico. Não! Talvez não fosse pânico. Entrou em angústia por estar vivo e estando vivo precisa manter-se enquanto tal.

Precisa?

Talvez não.

Talvez.

No momento, não.

Lino fechou os olhos e inspirou tentando manter a calma. Inspirou profundamente para manter a vida.

"*Uma a menos para o fim*" Foi a frase surgida em pensamento. Um pensamento real e inquestionável. Real em seu mundo, inquestionável para ele. Inquestionável para ele naquele momento em seu mundo.

Aquele momento unívoco é absorvido na tensão formada por um momento coletivo. O Grande Sufrágio, em seu primeiro ato, desperta inúmeras aberturas para os humores dos viventes. Mesmo quem pouco se importa com as questões discutidas pelos postulantes ao cargo máximo da Regência, é inevitável não ouvir as discussões das gentes nos mais diversos lugares. Para Lino, estando no meio, por suposto, também é inevitável não ouvir aqueles que o cercam na parada da condução coletiva. Esse é um dos poucos assuntos proporcionadores de interação dentre os demais.

Se o murmúrio é o tom de outros assuntos, ao emergir o nome de um postulante ou outro, a interação sanguínea, fervorosa, passional é reinante em acordes dissonantes. Afinal, são muitas as incertezas e para reger essas incertezas são muitos os postulantes!

Com inúmeros postulantes, o cargo para Regente Máximo é muito cobiçado! Para alguns, tal cargo representa a própria sobrevivência. E o bizarro: dentre os muitos postulantes apenas um surge como oposição perante os demais.

Mesmo com longa vida nas articulações e entranhas do vasto corpo e cargos da Regência, esse postulante, opositor aos demais, veste as vestes clamadas pelos viventes. Seus erros são muitos, no entanto, o discurso firme e estruturado nas suas origens é impulsionado por multidões. As multidões clamam o retorno às origens. Mais que esperado, sendo o grande concorrente, o opositor aos demais era o mais atacado.

É o mais atacado.

Será o mais atacado.

Lino ouve uma conversa aqui, outra ali. Não se envolve. Por questões laborais, deposita seu compromisso na Ala Sinistra, seus membros, os sinistros, mantém o poder nos últimos ciclos solares. O Regente Máximo atual é fruto do Cerne, no entanto, mesmo sob a negação conveniente dos sinistros, por causa deles, ele ocupa o cargo máximo da Regência. Nesse espectro, com a Ala Sinistra, Lino estabelece, durante muito tempo, a representação da sua condição de laborador, também, mesmo que no momento, de sua condição de vivente. O assunto se encerra com a chegada da condução. Se apresenta como um grande verme rosa e domesticado, composta por partes orgânicas e outras inorgânicas.

Carne na parte orgânica.

Metal na parte inorgânica.

Carne e metal formam a condução coletiva.

Vida e técnica mesclam o coletivo de conduções para os laboradores e demais viventes serem conduzidos.

Lino entrou e desceu: Lino entrou, passou o tempo necessário, e, no espaço determinado mediante onde entrou e local almejado, desceu. Entrou onde era para entrar e desceu onde era para descer.

Isso era assim, dia após dia.

Isto é assim, no hoje, enquanto vivo.

Lino chega ao seu local de suas funções e suas funções executa. Basta centrar em suas funções, repetir os movimentos, ações que desencadeiam na execução desejada e pronto.

Repetir e repetir.

Repetir e pronto.

Se conseguir isso, sendo um laborador por direito, não terá problemas. Por um instante pensou na condição dos laboradores indiretos, esses não têm a garantia da Regência. Lino, um trabalhador por direito, tem.

O que ele tem?

A segurança.

Que segurança?

A segurança da Regência o manter em seu labor. Contudo, a decadência da Regência é palpável tal e qual o ar no atual período de seca. A Ala Sinistra é possuidora de várias vertentes. Age em vários lados e quase sempre se divide: uma parte mais radical e outra mais moderada. Tal divisão é para distrair e enganar os opositores, iludir e enfeitiçar os viventes. Para o plano de ação, a Ala Sinistra possui tentáculos.

Cada tentáculo arrogava-se de autonomia da Ala Sinistra, e estão dispostos ao berro caso alguém diga o contrário. Porém a servidão sinistra é condição para a existência deles. Mediante o fracasso da Ala Sinistra na Regência, seus membros e seus tentáculos tentam encontrar um culpado para as culpas. Não conseguem. O caminho é dissipar o rastro e estabelecer o sentimento de perseguição. Nessa tentativa, manipular os laboradores é uma das táticas. Um laborador por direito, sendo parte das veias da Regência, deve, por suposto, estar junto com o grupo que defende a Regência. O dever nem sempre anda de mãos dadas com o querer. O grupo que diz defender, não quer dizer que defenda.

A Ala Sinistra arroga da exclusividade de defender os valores proclamados pela Regência, para isso, a querem gorda e inchada.

Apenas arrogam.

A gordura é flácida e a Regência está inchada de fluídos sinistros.

Para os sinistros o discurso e a verdade não repousam no mesmo lugar.

Os últimos Regentes Máximos e derivantes, escolhidos ou impostos nos últimos Grandes Sufrágios, estavam e estão vinculados maciçamente, diretamente e indiretamente à Ala Sinistra, que por sua vez, para o maior controle e domínio, seus membros indicam laboradores indiretos para comandarem os laboradores por direito. O interesse tateia o cargo, a competência não. Uma troca de favores é uma forma de domínio.

"Qual o sentido disso?" questiona Lino, toda vez ao deparar com um mandante debilmente distante das capacidades do cargo ocupado e ali está por ser indicado. O sentido, para alguns, está em manter a Ala Sinistra, forte e no comando.

"Qual o sentido em manter a Ala Sinistra forte e no comando?" continuava Lino em suas indagações.

- Ela nos representa! - responderia de maneira domesticada algum companheiro de labor.

As respostas são ensaiadas e repetidas, as vezes mais, outras vezes menos elaboradas, no entanto, sempre domesticadas com o teor da ideologia sinistra. Distantes da reflexão e racionalidade, as respostas são sempre insuficientes e vagas.

Acreditando estar só em sua opinião mediante os demais, Lino mantém seu ruminar silencioso. Estando só, o melhor a fazer é firmar a sua atenção em executar suas funções, e, então, voltar para sua morada.

E qual o objetivo nisso tudo?

Nessa relação sequencial de dia após dia?

Pouco compreende.

Na cotidianidade, ao chegar em sua morada, canalizaria todas as suas atividades para o dia seguinte em sua ida para executar suas funções laborais e em um encadeado, atrelado ao encadeamento subsequente, tentar sobreviver. Em um momento ou outro, rompendo a cotidianidade, no desfecho da semana, rompe com essas sequências. Falta pouco para isso. O dia seguinte será um feriado desconhecido, antecipando o desfecho da semana, por isso, naquela noite havia combinado de sair com um companheiro do seu local de labor.

Um feriado desconhecido?

Desconhecido para o Lino.

Não deveria, todavia é.

Qual feriado?

Ele não sabe ao certo.

Sabe que, o dia seguinte, será um feriado, um feriado desconhecido. Desconhecido para ele.

Sabe também que, como de costume, o dia anterior aos feriados e desfechos da semana, a questão ébria surge para muitos e um momento de fuga apresenta-se enquanto possível. Possível. A possibilidade em um momento.

Um momento.

Apenas um momento.

Apenas um momento sem a certeza de outro momento.

Ao finalizar suas funções, Lino vai ao encontro de seus companheiros de labor. Uns esperam aos outros. Se ao iniciar suas funções o Sol estava se despedindo, agora a Lua é a anfitriã. A escuridão toca o mundo e fracas luzes direcionam com debilidade o caminho a ser seguido. Seria inevitável, estar com seus colegas, e não ouvir sobre bós postulantes em suas buscas para o cargo de Regente Máximo.

Caminhando com seus companheiros de labor rumo à parada da condução coletiva, Lino não opina sobre os postulantes ao cargo de Regente Máximo, tampouco aos outros cargos. Para evitar confusão, prefere ficar imerso em seus pensamentos. Tendo discordâncias mais fortes que concordâncias, o silêncio o conforta. As tentativas de diálogos, não proporcionam sentido, afinal, os interlocutores repetem e repetem frases feitas. Repetem e repetem. Repetem frases cristalizadas.

Frases impostas.

Frases impostas para serem repetidas. Repetidas e repetidas até a exaustão.

Na repetição a domesticação é evidente.

O diálogo já é em vão. Assim sendo, para Lino, manter o assunto do Grande Sufrágio à sua distância é conveniente e oportuno.

"Mas, até quando?" questão remoída e expressa em um sufocante pulso silencioso para os demais por ser interno.

Nesse contexto, interpretar o ato de concordar e silenciar, é mais fácil que viver. Lino interpreta estar sendo um laborador por direito. Fato que permite a sua sobrevivência. De maneira automática se comporta recluso junto com seus companheiros de labor; de forma sistemática sabe o caminho a percorrer e todo o demais é demais. Todo o demais é guiado por seus companheiros de labor, a impropriedade o toca.

O caminho, o assunto, eles guiam.

É mais fácil conviver assim.

Um simples passo em outro caminho, um simples verbo em outro assunto é o motivo para despertar ofensas. Só existe ofensa quando há um ofendido. O problema é que há um ofendido o tempo inteiro. Distanciando-se dessas dores firmadas em uma pueril relação com o mundo, para Lino, nessa interpretação, basta caminhar sendo guiado pelos demais e olhar para o chão, porém, o caminhar e o olhar são desprovidos de sentido.

Lino busca um sentido.

O caminhar e o olhar são firmados em um vazio similar ao vazio de sua vida.

O vazio é ele mesmo.

Em seu vazio, olha para o chã, está com dificuldades para respirar por causa do clima seco. O inspirar e o espirar são dificultados em cada palavra vaga de seus companheiros de labor. Em cada defesa do indefensável é estruturada a densidade do ar a ser respirado. Perdido em si, em um grupo indiferente, de forma mecânica sorri ou move a cabeça para passar a ideia de fazer parte daquele momento.

Basta inspirar e espirar.

Basta inspirar e espirar, e, tudo ele suportaria.

Ele não faz parte do momento.

O motivo?

Está perdido em seu momento.

Qual é o seu momento?

Inspirar, espirar.

Lino inspirou.

Lino espirou.

Está perdido na tentativa de encontrar a si. Está ausente e sem saber o que fazer. Por instantes, Lino, foi liberto de sua clausura, por uma sonora e empolgada exclamação:

— Tentaram finar a vida do postulante contraditor!

2. As palavras brotam

Com horror Lino ouve sobre o ocorrido: aclamado no no meio de uma multidão, o postulante contraditor tem seu corpo perfurado por uma criatura desejosa do seu fim.

O horror e a selvageria estão firmados na disputa pelo cargo de Regente Máximo.

Lino, até o momento, não tem simpatia pelo postulante contraditor, é levado, em seu meio, a considerá-lo como opositor a sua classe de laborador. Lino não reflete sobre isso. Os companheiros de labor, exploram a causa em inúmeras considerações, entram em um falatório repleto de partidarismo.

Lino observa que alguns de seus companheiros de labor falam com excitação sobre a desgraça firmada. Um prazer possível de ser compreendido nas frases ditas, nas expressões, na empolgação corpórea.

"Impressão minha. Impressões minhas" está atordoado mediante a barbárie, aparentemente aprovada nas considerações dos companheiros laboradores. Barbárie firmada, barbárie expandida no falatório. Continuou observando, e, agora está atento, o discurso dos proclamadores do falatório é venenoso. Lino não concorda em muitos assuntos

com o postulante contraditor, no entanto mediante o ocorrido, a simples possibilidade de um envolvimento da Ala Sinistra ou de seus tentáculos no atentado – e a possibilidade é real! - já é causadora de asco.

Um asco físico, um asco corpóreo.

Nas impressões de Lino, agora atento, é inexistente o sentimento de asco no falatório de seus colegas. Existe prazer. Prazer vil e a demonstração da podridão interna daquele que se satisfaz com a desgraça alheia.

"Prazer na desgraça? Prazer na miséria trazida ao mundo para aquele homem?" Lino desconhecia essa face apodrecida de seus companheiros de labor. Poderia ser um postulante que não agradasse a ele ou ao seu grupo, no entanto, é um homem e como tal sofre e agoniza de dor, muitos sentem e sentirão a dor das consequências, sua família, amigos, a sua gente. Dores próprias. Um corpo foi agredido. Dores manifestadas em um corpo covardemente agredido. O corpo de um homem que estava celebrando um momento com seus entusiastas. Não apresentava risco ou qualquer ameaça. O falatório foi interrompido por uma fala enfática:

- Bem feito! Ele mereceu!

O silêncio cercou a todos.

As impressões de Lino, agora não eram mais impressões. O horror, a barbárie, a moral turva, estão reinantes. No atentado, o encontro da carne com o metal foi estabelecido, ali, entre os viventes de moral turva, a miséria humana é estabelecida.

O clima de morte é instaurado por causa de uma fala explicita e prazerosa perante o que antes estava implícito. É firmado um prazer sádico, vil, peçonhento, preconceituoso, purulento, pútrido. Um prazer sombrio é revelado. As falas dizem muito mais do portador da fala que do assunto em si. O momento é fétido. Para romper o gélido silêncio, um dos laboradores, retomou um dos assuntos soltos e aéreos que transitava antes do brutal assunto do ataque ao postulante contraditor:

   - Vocês precisam ir! - Disse o rapaz tentando demonstrar o mesmo entusiasmo de outro momento. Ele está se referindo da conversa que teve com uma feiticeira, essa, supostamente, munida de visões e ofertando previsões busca proporcionar um direcionamento aos perdidos. Lino não acredita e nem desacredita, e, talvez por essa dúvida, ou para tentar esquecer da exteriorização de miséria do companheiro de labor mediante o ocorrido com o contraditor, ouve com dúbia curiosidade. Antes estava apenas escutando, agora tenta ouvir. Busca ouvir na tentativa de evitar a imensidão da maldade humana e o prazer que tal desprezível questão, relatada há pouco, provoca em alguns. Prazer sinistro exteriorizado naqueles que o rondam. Para piorar, bastou um exteriorizar, não sofrer represálias, e, a porta dos demônios internos de cada qual foi aberta e o festival de ataques de desejos perversos emergiram. Porcos e cavalos, grunhiam ou relinchavam. Uns, as duas coisas.

   "Impressão minha. Impressões minhas" retomou Lino a sua ruminação.

   "Se antes não foi impressão? Por qual motivo agora seria?" Concluiu com uma questão que não o levou para uma conclusão.

   O clima é terrível perante os que ali estão. O prazer doentio revelado na frase do laborador, fez que qualquer assunto estivesse fadado ao fracasso. Um assunto não sendo o Grande Sufrágio, despertaria um pequenino interesse em distanciar a escuridão emanada do assunto reinante. Lino olhou para o interlocutor que tentou retornar um assunto distante do selvagem ataque e interagiu:

   - E o quê ela disse?

   - Ela quem? Ah! A feiticeira! Ela disse exatamente tudo sobre minha vida!

   - Tudo o quê? - Questionou Lino.

   - Bom...tudo. Tudo, tudo! - continuou em exclamações vibrantes.

   - Então fale sobre esse tudo. Ou pelo menos, parte desse tudo...

E o jovem começou a falar o considerado tudo, ou pelo menos, parte do considerado tudo. Sempre um tudo regido pelo falatório.

Sempre.

O tudo, no falatório, possui restrições.

Tudo isso, do tudo do interlocutor de Lino, está firmado em um falatório, e, como próprio de tal, surgem devaneios e exageros em exortações e distorções da exortada e distorcida fala da feiticeira. O rapaz falou sobre os amores e romances, os problemas familiares e financeiros, os desejos laborais e sentimentais.

Anseios e dores.

Mentiras e verdades.

Em síntese: falou em possibilidades. Construções de frases em uma narrativa perdida em palavras. Falou de muitas coisas e essas muitas coisas não foram ditas pela feiticeira, no entanto, coisas já criadas, ansiadas e desejadas por ele mesmo.

O assunto é tão vago e desconexo, conseguindo ser mais vago e desconexo que o próprio vazio de Lino. Vagos e desconexos também são aqueles que ali estão, no entanto com o agravante da alma decomposta, pois se alegram com um ato firmado na miséria humana de uma desgraça ocorrida naquele dia que antecede o feriado desconhecido. Alegrar-se com a miséria é firmar lodo e a decomposição na própria alma. O vazio existencial é proporcional à banalidade do mal.

No encontro de vazios, mesmo parecendo uma ideia conflitante, existe um interesse em comum. Afinal, o nada de nada se faz presente.

Com nítido distanciamento, Lino escuta seu interlocutor enquanto um todo, ouve uma ou duas palavras, o assunto mescla entre os vegetais fermentados feitos na semana passada em sua morada no seu dia de folga e o ocorrido com um dos inúmeros postulantes ao cargo de Regente Máximo.

"Até agora, o contraditor é o único que se distingue dos demais. O único que se distingue dos demais?" Lino está espantado com os próprios

pensamentos. Tal espanto, foi alternado com a organização mental em reservar um tempo em sua próxima folga para fazer presunto cru, da mesma forma feita por seus pais, afinal, o presunto cru comprado, consumido nas últimas vezes, passava a impressão do gosto de um cadáver. É impressão, impressão sua. Impressão sua. *"Como um presunto manufaturado poderia ter o gosto de um cadáver?"* teve que rir de suas impressões.

– O postulante contraditor está ou não está vivo? – Era para ser um pensamento do Lino! No entanto, quando o pensamento é muito forte acaba sendo exteriorizado pelo corpo. No caso, foi pela fala.

Alguém respondeu alguma coisa.

Alguém e alguma coisa pairam na impropriedade.

Lino não ouviu. Enquanto caminhava seguindo o grupo, voltou a com sua mentalização dos próximos afazeres:

"Nada supera a comida feita em casa. Preciso comprar vegetais e animais." Em seu íntimo, uma construção, na exteriorização, mantinha os olhos transitando entre os companheiros para demonstrar interação no falatório, de certa maneira, sentir-se-iam ouvidos.

Demonstrar não é o mesmo que concordar.

O papo sobre a feiticeira cessou, voltou a ficar acalorada a discussão dos demais rapazes sobre os postulantes ao cargo de Regente Máximo.

– O correto é este! – diz um.

– Mas este faz parte do atual comando e nada fizeram! – diz outro.

– Mas agora será diferente! – reafirma iludido o primeiro.

– Não, não e não! Eles não nos representam! – mais um entra na conversa.

– Qual o sentido de representação, se carregam os estragos de tudo o que já fizeram? Representam a própria podridão! – provoca outro laborador.

– Precisamos votar naquele! – polemizou outro também.

As vozes são perdidas.

Alguns espumam.

O sentimentalismo é o guia das escolhas naquele grupo. Sendo uma escolha coletiva, partindo do indivíduo, poderia reinar o sentimentalismo unívoco?

Não.

Todavia, expor isso, e, expor isso em um terreno onde a sentimentalidade raivosa impera, o querer de cada qual é mais vivo e apenas o berro define um rumo. O rumo da selvageria.

No rumo de um passo para o desentendimento visceral, os ânimos precisam ser controlados. O pequeno grupo é composto por Lino e mais quatro laboradores. Após as funções laborais, inflamados pelo falatório, estão caminhando até a parada da condução coletiva. Ali uma separação ocorrerá. Os casados irão para suas respectivas casas, e, Lino e o empolgado da feiticeira pretendem ir em uma taverna. A divisão já está feita. Já ocorria uma divisão mediante o mundo criado por cada qual.

Chegaram na parada coletiva.

Mais uma vez, o mesmo clima.

Pessoas em pé, cada qual formando a própria realidade: desencontros com os mais próximos e em busca dos mais distantes. Agora, ali parados, os companheiros de labor evitam manter o volume alto do falatório de outrora, e nisso, Lino pode manter o desespero largo do vazio compartilhado. As palavras brotam na realidade de Lino e pouco sentido fazem. Olhou para o colega que voltou a relatar suas experiências místicas e descobertas sobrenaturais. Lino, perdido, sem conseguir conexão entre tantas vozes, está com a boca aberta.

Um dos rapazes casados, engajado na discussão do seu comprometimento com determinado postulante que não poderia concorrer ao cargo pois está enjaulado, interrompeu a própria fala, fez sinal para os demais e apontou para Lino. Aproximou-se lentamente e com muita agilidade fechou a boca do perdido. Todos riram. Lino também. Os risos cessaram com a vinda da condução coletiva. É a condução dos laboradores casados. Eles se despedem do Lino e do laborador amigo da feiticeira, entram na condução coletiva, de lá acenam e com muitos risos fazem gestos para o boca aberta.

Os dois ali na parada coletiva também rindo muito, retribuem o aceno.

Lino olha para seu amigo e diz:

- Poderíamos comprar bebida naquela venda ali, aquela ali próxima, antes de entrarmos na condução. Bebemos antes de chegar na taverna e economizamos um pouco.

- Mas o condutor não irá permitir entrar com a bebida... respondeu o outro.

- Estamos com jaquetas...podemos entrar com nosso suprimento de bebida sem ele perceber.

Ambos riram e foram comprar as bebidas.

3. Calar ou silenciar?

Após o auge, o declínio.

Se há a possibilidade de manutenção contínua em atingir o auge e no auge ali ficar, fica enquanto possibilidade. No auge do clima seco, não havendo mais como estar mais seco, é esperado, provindo do céu, um pouco de chuva.

Os rapazes estão indo até uma venda comprar bebida e percebem que o ar seco, denso, turvo de poeira e algo mais, mudou o sentido no mundo e do mundo quando passou a ter movimento.

- A chuva está vindo... - disse Lino olhando para o céu, questão inútil, na escuridão nada veria. Pensou na morosidade do tempo seco e na transformação mediante o simples movimento do ar em anuncio de ser vento. A mudança acontece com águas vindas do céu.

- Será uma chuva tóxica. Até limpar o ar turvo...muita água precisará cair do céu. - Completou o outro rapaz.

O ensaio de um diálogo foi interrompido.

A atenção de ambos foi em direção à uma discussão entre dois grupos expondo opiniões exaltadas sobre a provável culpa do atentado contra o postulante contraditor.

Visualmente é possível contemplar o espectro

político de cada qual. Nas cores, nas formas, nas gentes. A simbologia visual está em sintonia com o discurso de cada grupo.

- Que as águas do céu, limpem os ares turvos.
- Disse Lino entrando na venda.

Comprarão bebida e cigarro.

Nos corredores da venda Lino pode ver inúmeros vegetais fermentados e inúmeros animais conservados. Preferia comprar na forma mais natural, e, fermentar e conservar, à sua maneira. Sua maneira é firmada em suas raízes familiares, em suas origens. Tal atividade demanda tempo. Para ele o tempo demandado com o alimento é proporcional ao sabor. Escolhas: escolher entre o preparo de seu alimento ou outra coisa. Escolhas. Escolhas a serem feitas. Observou os preços e não encontra conexão com o valor. Com a bebida e cigarros encontrados, após o pagamento irão prosseguir com caminho para a taverna.

Com o suprimento adquirido, beberão muito até chegarem ao local onde haviam combinado de ir durante os dias passados. Não sabiam ao certo o preço da bebida no local, e esta, de alguma maneira fazia parte do ritual de uma noitada.

Ao saírem da venda, encontram a discussão dos grupos muito mais tensa e violenta. Para Lino é desnecessária a discussão. É óbvio quem é a vítima e quem é o agressor. Ao seu lado, o companheiro de labor, comenta sobre a situação:

- Ele pregou a violência e agora sofre com a violência.

Lino se espantou.

Olhou para o colega laborador sem conseguir entender. O rapaz, prosseguiu:

- Tanto ódio! Tanta discriminação! Não consigo entender como alguém deposita seu compromisso nele ou o defenda!

Lino não entendeu!

Tentou compreender e foi em vão.

"Quem era o portador do ódio? Quem era o discriminado? "As respostas são tão simples que a simplicidade, em sua peculiaridade, torna-se complexa. É confusa a fala ouvida por Lino. Para

ele, o portador do ódio atacou o postulante e o discriminado era aquele que se justificava enquanto contraditor, ou seja, o único repelido pelos outros postulantes! Simples assim. Talvez Lino não tivesse entendido a fala do companheiro de labor.

Talvez.

Talvez o rapaz teve uma pequena confusão ao se expressar.

Talvez.

Lino pouco sabe dos princípios formais que regem o coletivo. Pouco se envolve. Pouco sabe e pouco se envolve. No seu saber ou envolvimento não vislumbra a sua ação provocando alguma mudança. De forma tímida, faz pouco tempo que começou a se interessar por esses assuntos. Para ele uma coisa é clara: continuar depositando seu compromisso na Ala Sinistra é uma loucura mediante todos os fatos. Ainda assim, mediante tantos postulantes, não sabe em qual deles depositará seu compromisso.

São tantos postulantes!

Patéticos, bizarros, medonhos!

Isso, aquilo e algo mais! Sem ainda saber em quem depositará seu compromisso, resolve perguntar para o outro que ali está:

— E você? Após todos esses anos sob comando da Ala Sinistra e seus tentáculos, que, diz estar conosco, mas isso, isso é duvidoso...em quem você irá depositar seu compromisso para Regente Máximo no dia do Grande Sufrágio?

Os dois estão bebendo enquanto caminham até a próxima parada de condução coletiva, o colega, inseguro, bebeu um gole da garrafa que estava em sua mão, chutou alguma coisa no chão e respondeu sem força nenhuma na voz:

— Não sei. Mas ele...ele não.

No caso, o pobre tristonho e inseguro referia-se ao postulante contraditor. Lino tentou entender e a tentativa foi tão vaga quanto o olhar do portador de um quase lamurio.

Chegaram até a parada coletiva. A caminhada munida de bebida etílica depositada em estômagos vazios já é o suficiente para a conquista de um corpo distinto do corpo exausto após o dia de labor. Um corpo distinto de si sem deixar o próprio corpo.

Um mesmo corpo em várias experiências de corpos, a realidade humana aí está.

Em seu atual corpo, no tempo transcorrido, Lino não idealizou os seus sonhos dos seus quinze anos. Via a própria vida, entre o nascer e o morrer, a metade sendo quinze, aos trinta, o fim é iminente. Se o início mais próximo do nascer, ele vivia a vida de seus pais, aos quinze anos, metade do percurso percorrido até então, almejava a vida própria. Lino, com trinta anos, não conquistou a vida própria antes sonhada. Esses sonhos ainda pulsam e os ronda inúmeras vezes, se antes o mundo se curvava para as suas conquistas, agora a oposição de um mundo ao seu redor é o firmamento de uma realidade distante de seus sonhos. Percebeu estar usando uma camiseta presenteada por sua mãe quando completou quinze anos. Não parecia distante. Tem mantido o corpo em certa proximidade, porém ao olhar o seu reflexo em uma poça de água provinda de algum lugar, o próprio momento atual surgiu.

Ainda não era o reflexo de um velho.

Ainda não, ainda.

Os sinais já estão sendo anunciados, pode ver sua face em um reflexo ofertado em uma noite turva, pode observar sua imagem sendo formada em tons de azul e cinza em um fundo negro. Algumas pequenas folhas mortas e encharcadas na poça de água o levam a pensar nas células mortas em seu corpo e o processo de degeneração. Contemplando as próprias rugas, surgiu uma leve ondulação na água, ondulação provocada por algum movimento provindo canaletas das conduções ou da via de viventes.

Talvez o vento, talvez o próprio tempo.

Talvez.

O olhar de Lino encontrou o olhar do outro ali na mesma poça. O outro é chamado de Tim, companheiro de labor do Lino. Ou melhor, chama-se

Timeu. Preferia ser chamado de Tim e dessa maneira é frequentemente chamado. Tim, um pouco mais novo que Lino, busca em ritos e rituais um sentido para sua vida, até então, desprovida de grandes ou pequenas conquistas. Engana-se com as palavras desconexas em frases obscuras provindas da feiticeira e outros oráculos e demais locais do gênero. Lino e Tim, ambos com pontos em comum, ambos com pontos que se colocados em movimento lado a lado jamais se cruzariam, sequer no infinito. Em comum, agora, querem uma noite de diversão.

Lino, tem uma leve ideia de onde fica o estabelecimento, estava seguindo o direcionamento informado pelos outros companheiros de labor que lá já estiveram. Os dois rapazes, curiosos movem os corpos para conhecerem a taverna, que, nada além de outros locais do mesmo ramo tem para ofertar, contudo é o lugar que desperta a curiosidades dos demais no momento. O local buscado, está no falatório dos laboradores, colegas e amigos do Lino e do Tim. Sendo parte do grupo, ou ao menos tentando fazer parte do grupo, é natural que eles busquem os mesmos espaços em um mundo compartilhado.

Compraram a bebida barata para chegarem já alterados na taverna, economizariam na garantia do início de uma noitada.

Tim continua no falatório de suas empreitadas místicas. Descreve uma forma geométrica que passará a usar em um cordão pendurado no pescoço, conforme o direcionamento da feiticeira - Lino olhou para os olhos do Tim. Tim vê o mundo em uma ótica muito particular, o mágico e lúdico resplandecem e dominam sua realidade. Seus olhos são pequenos, negros, molhados.

"Como seria se eu tivesse os seus olhos?" Nessa possiblidade, Lino, na contemplação do outro, encontrou-se por instantes em seu próprio corpo, esse, é a condição imposta para habitar o mundo, sendo sua única e necessária condição. Surgiu um certo asco por sua própria existência, pela impossibilidade de escolha. Pela

impossibilidade de escolher-se. Ninguém perguntou como gostaria de vir ao mundo.

Ninguém.

"E para você? Alguém perguntou como gostaria de vir ao mundo?" essa elaboração de Lino poderia ser compartilhada com o Tim, todavia seria um desgaste muito grande expor sem a certeza de ser compreendido.

Estando no mundo, e após um dia de labor, Lino e Tim esperam a condução coletiva. Para o Lino, os dois são companheiros de labor e percebeu que distante do grupo poderia até mesmo considerar o Tim um amigo; para Tim, eles são amigos. Para Lino a ideia de amizade é mais complexa, não poderia considerar alguém como um amigo simplesmente por laborarem no mesmo lugar, no demais, Tim fala e fala, parece não ouvir.

É possível amizade entre duas pessoas quando um ao falar, espera ser ouvido, mas quando o outro está falando o primeiro simplesmente escuta?

Seria possível a amizade onde apenas um lado está disposto a se estender ao outro?

Lino não sabe se ali a amizade existe. Não sabe se ali há a possibilidade de existir amizade.

Convicto de estar sendo ouvido, em seu falatório, Tim tenta relacionar um mundo profano e um mundo sagrado, porém é incoerência latente suas exposições. Se de um lado está o sagrado, do outro está o profano. Na possível junção, fina-se o sentido de sagrado e o de profano. Há a incompatibilidade. Assim como há incompatibilidade em ser seu próprio inimigo, na manutenção da vida, ser seu próprio amigo é o esperado. Compatível ou não, é o esperado.

O esperado nem sempre acontece.

O esperado nem sempre é a realidade firmada.

Lino é seu próprio inimigo.

Lino consume sua própria vida, ao calar-se com a realidade imposta pelo mundo, nos momentos perante as negações pessoais, em outras questões sejam laborais, sociais, políticas, religiosas.

Enfim, consome-se.

No momento, bebendo e esperando a condução coletiva, Lino está calado mediante as incoerências e absurdos do amigo. Ou melhor, do companheiro de labor.

Tentaria entender em qual postulante Tim depositará seu compromisso? Não faz sentido levantar uma questão para alguém que a resposta estará perdida em palavras com pouco sentido.

Calar é mais fácil.

Silenciar é louvável, calar não.

A condução coletiva apontou ao longe na canaleta própria para sua locomoção. Lino e Tim se entreolharam e os corpos foram direcionados para esperá-la e então embarcar. Ela, a condução coletiva em suas faces, está surgindo, está surgindo para eles.

Está se formando e lançando a sua presença.

O verme rosa, híbrido, formado por carne e metal está desvelando a sua existência para Lino

4. Carne e madeira

Surge aos poucos a condução esperada por Lino e Tim. Em sua aparência é um grande, imenso e híbrido animal pronto para receber outros. Sua condição no mundo é estar estruturada em partes orgânicas e partes inorgânicas. Com a busca de uma articulação com o mundo, os viventes munidos da técnica, cada vez mais, criam adicional biológico, orgânico, para a articulação de utensílios, moradias, entes criados.

Entes criados, muitos não desejados.

No caso, a condução coletiva é uma mescla de tecidos orgânicos e inorgânicos, exige pouco reparo, por meio do próprio lavor e labor de outros, ela se regenera.

Se autorregenera? A autonomia é complexa por si só. O grande animal híbrido se regenera.

Lino, ao defrontar com a condução coletiva, encontrou a oferta de sua aparência: uma grande e complexa criatura, fundamentada em uma mescla de formas para a forma final ali ofertada. Animal mais que domesticado, um animal criado.

Lentamente está se aproximando da parada. Ela é rosada na parte orgânica e metalizada na inorgânica.

Carne e metal.

- Um grande verme rosado e com adicionais...- disse Lino sem ser ouvido.

O grande verme rosado respira.

Lino contemplou a respiração do animal híbrido que está ao seu encontro. Mesmo após o vento com prenúncio de possiblidade de chuva, o ar voltou a estar em sua condição infecunda. Seco, denso, turvo de poeira e algo mais. Agora, com um algo a mais e outro mais definido, distanciando momentaneamente o ar seco: a respiração emanada do grande verme. Lino percebe que o ar não está apenas palpável, mas sim, o apalpa.

Lindo inspirou e espirou.

Lino expirou.

Após o espirro, imerso no falatório sem fim de Tim, Lino defronta o animal híbrido. A porta abriu. É a própria boca da grande criatura criada, e, como tal, pelo exaustivo lavor gerado na ofegante e encorpada respiração, libera um vapor espeço, concentrado, condensado. Lá dentro o condutor olha para eles e não tenta ao menos sorrir. Tem mais de cinquenta anos, bigode preto, olhos arregalados, amarelados e assimétricos, pequeno e magro, falta-lhe um dente. Lino, ao entrar, tenta estabelecer um contato visual frustrado com o condutor; segura no metal para ter firmeza ao embarcar e então sente a viscosidade característica do interior da condução coletiva. Todos ali, compactados, formam as próprias vísceras da criatura. Em tal condição, caso as vísceras não fossem muito bem organizadas, a ocupação do espaço seria a festividade do inferno. A viscosidade ali produzida está dividida, está formada pelos fluídos da condução e dos conduzidos. O terceiro fluído é a mescla dos outros dois primeiros e de procedência distinta. Estão conectados. Tim parou de falar. O papo sem fim, teve um fim. O fim, para entes finitos, está sempre logo ali. Mesmo que não o admita, não importa, o fim para entes finitos uma hora chega. A hora de Lino e Tim é a hora de mais um gole de realidade, não sendo possível, o líquido etílico, para o instante, serve.

Ambos com o suprimento etílico devidamente acobertados, estão ali, soltos em um mundo, porém espremidos e enclausurados na condução coletiva. Fazem parte de um corpo. Um corpo intrínseco e o terceiro fluído permeia limiares desconhecidos por eles e firma a imanência entre todos.

As feições dos outros ali presentes demonstram as tensões dos tempos vividos. A selvageria cometida contra o postulante contraditor é sussurrada aqui ou ali. O sentimento é opaco e turvo. Opaco e turvo pois a vítima parece ser condenada por alguns. No silêncio da dupla, a conversa dos circundantes é analisada. Lino ouve atônito uma pessoa tentando explicar que o agredido é agressor e o agressor é o agredido.

"Como? Como? Como?" Lino franziu a testa. Os circundantes em suas opacidades e turvas análises em desprezo a expressão da face de Lino, cochicham:

- Deve ser um deles. São numerosos!

Lino seria um dos entusiastas do contraditor, apenas por estar solidarizado com a vítima? Na limitação daqueles viventes, parece que sim! Naquele momento nebuloso, o simples fato de não concordar com algo, o firma em sentido contrário ao posicionamento do portador da fala. Uma ideia, mesmo que absurda, ao ser elaborada para se passar por verdade, se for questionada é o motivo para ser acusado de não contemplar a realidade. Qual é a realidade construída por aqueles ali cochichando? É bizarra: o agressor não seria o agressor e o agredido não seria o agredido. Pasmo, mediante o absurdo da ignorância humana, Lino sentiu ânsia de vômito.

Não vomitou.

Não há lugar para vomitar.

Não havendo lugar para a manifestação do pulso, a vontade deve ser reprimida ou enfrentará a hostilidade.

Aos poucos, no falatório dos circundantes, as

justificativas do injustificável ganham mais e mais elaborações orais para firmar o plano de uma desqualificação do postulante contraditor. Se repudiavam o postulante contraditor, qual postulante apoiavam?

Essa resposta não surge.

- Estou ainda escolhendo! Foi o comentário de um.

- Eu também! Ainda estou analisando!

- Que bom que somos seres pensantes – completou uma terceira criatura com ares de soberba, todavia com a aparência débil – ainda estou refletindo sobre qual postulante depositarei meu comprometimento! Mas ele não! Ele não!

Lino ouve tudo isso e conclui que essas criaturas não portam a capacidade de escolher, analisar, pensar, refletir. Elas reproduzem. Reproduzem um discurso finado, repetido e bombardeado em inúmeros lugares. Esses viventes repetem e foram domesticados para repetirem.

Ao direcionar sua atenção para uma das cavidades da condução, viu uma inscrição tosca e débil, nela mais e mais ataques ao postulante contraditor. Nos ataques sem nexos, estava formada está uma orquestra desafinada, com músicos sem dons, portadores de instrumentos caros, todavia munidos da mediocridade e sob o comando um maestro ébrio. Com esse som desafinado e asqueroso o estômago do Lino se retorcia, talvez a bebida no encontro com o vazio fosse a causa. No entanto, o verme rosado também se retorcia, talvez os fluídos não estão fluindo bem.

Talvez.

Talvez Lino e o verme rosado mediante o asco do fluído formado em sua terceira condição, possibilita o ato de retorcer.

Talvez.

Inúmeras vezes havia feito esse percurso, Lino, pela primeira vez parou para pensar se a parte orgânica do animal híbrido é capaz de sentir. Os conduzidos pela condução coletiva, estão aos poucos descendo. A parada que Lino geralmente desce passou, nesta noite ele e Tim irão em uma taverna, dessa maneira, um novo caminho surge partindo do costumeiro local. Conseguiu um espaço para sentar.

Sentado distante do seu amigo, voltou para seus pensamentos. Em um suave e hipnótico impulso, mirou a parte orgânica do animal híbrido e tocou no tecido rosado, esse, teve uma leve reação.

Uma senhora com a voz doce e aparência humilde, sentada ao seu lado, ao perceber a interação do rapaz com o animal híbrido, sorriu e iniciou uma conversa:

- Eu ainda estranho muito essas novas conduções coletivas. Sei de um tempo, quase esquecido, de conduções feitas por mulas atadas às madeiras! Parte mudou, parte não mudou...antes carne e madeira, hoje, carne e metal.

- Teve também o tempo do combustível fóssil. Ainda é estranho para mim... saber que tudo se movia com chorume de algum animal. Isso não é nada agradável. Mas agora com essa forma de vida adaptada às necessidades dos viventes é algo tão confuso. - Enquanto respondia à senhora, Lino tocou novamente o tecido rosado, e, naturalmente a criatura criada respondeu ao estímulo.

- Mas a nossa vida também é uma adaptação das necessidades dos viventes. - Ela completou. Sorriu para ele e, discretamente entregou um papelzinho dobrado.

Lino ouviu a senhora e não respondeu, concordou plenamente e pegou com um introvertido gesto o papelzinho dobrado, ali havia uma inscrição.

Na inscrição está o código que deveria ser firmado para confirmar o compromisso em um dos postulantes ao cargo máximo da Regência.

Qual postulante?

O postulante contraditor.

Lino leu a inscrição um pouco assustado.

A senhora ali presente era alguém exatamente oposta as qualificações que tentavam firmar nos entusiastas do postulante contraditor!

Ela é um dos inúmeros entusiastas do contraditor e as qualificações a eles atribuídas são terríveis! São acusados de inúmeras coisas espantosas!

Sem entender, Lino com a face neutra, resolveu guardar a inscrição no bolso de sua jaqueta.

5. Carne e metal

" (...)*nossa vida também é uma adaptação das necessidades dos viventes*" absorvido na frase dita pela senhora, Lino havia se adaptado às necessidades dos viventes. Não apenas às suas necessidades, porém mediante aos circundantes também. Reduzido, negando a si, desistiu do próprio querer. Simplesmente impôs em sua rotina uma sequência de ações durante o dia, a semana, o ano, e isso o permite seguir com o movimento provocado pela passagem do tempo. Suporta a passagem do tempo.

Suporta a vida.

Um suporte para a vida?

Não encontrava.

Lino consome-se nisso.

No defronte com o próprio consumo, quase gritou.

Quase.

Ali sentado, fazendo parte de um corpo biológico e hibrido, explorou a própria condição de vivente em um local onde a Regência escolhe muitas coisas para ele. Naquela noite, defrontou as necessidades dos viventes, as suas próprias necessidades, ou seja, na sua possibilidade de querer. O percurso ainda é longo, a senhora ao seu ao lado, não tendo estímulo para manter a conversa, não insistiu no diálogo. Ela logo adormeceu. Lino a olhou e logo em seguida olhou para o alto da condução e os fluídos ali condensados, viu um pingo de fluido se acumular e então cair na face da humilde senhora. É o fluído da respiração dos passageiros, é o fluído da respiração da estrutura viva formadora da condução que os conduz. Fluído dos criadores e da criatura, ali condensados, da condução e dos conduzidos. Fora dali o ar é seco e resseca todo o corpo, as cavidades do nariz provocando sangramento, resseca a pele e certamente os pulmões, ali dentro a humidade está em uma densidade proporcional à poeira no ar fora dali. O corpo de Lino se hidratava com aquela humidade provindo dos fluídos.

O asco o invadiu junto com os fluídos, ambos partindo da pele para dentro de seu corpo.

Aquela humidade é a viscosidade expelida pelos demais viventes, pela condução coletiva. Os dois fluídos formam o terceiro. O fluído, os fluídos, penetram em seu corpo e agora parte dele fazem. Lino é criado mediante o seu mundo. Um mundo, que agora, é formado com o fluído dos demais. Um mundo criado com o fluído do animal híbrido.

E a sua criação?

Como foi criado?

No momento, não é religioso, e, sobre o antes e depois da vida, é indiferente. Tal ação causa desconforto: o desconforto de nada ter um sentido de ser, em estar simplesmente jogado em um mundo. Em contrapartida, está decidido a questionar a si, entre o nascer e o morrer, questionar a sua condição de vivente. Poderá oscilar. Oscilava. Iria oscilar. Oscilaria. Mesmo assim enfrentar-se-ia para não acabar de consumir até mesmo os próprios questionamentos. Pelo menos nisso, no silêncio do seu pensamento, pode ser livre.

Dentro das possibilidades do absurdo, e sem medo do absurdo, refletiu:

"O tecido rosado...o tecido rosado que faz parte deste grande verme, não está jogado. Tem um sentido". O sentido, até onde entendia, é manter

a funcionalidade junto com a estrutura metálica de toda condução coletiva, e esta, esta é adaptada às necessidades dos viventes, pessoais e sociais. O sentido da condução coletiva, por suposto, é servir a coletividade.

O tecido rosado tem um sentido de ser, Lino não encontra o seu próprio sentido de ser.

Olhou com atenção para aquele tecido que, em sua textura, é semelhante entre o transitar da pele de um porco e de uma pessoa, na junção entre humano e porco, surgia-lhe a presença de um verme grande, rosado, no entanto com uma couraça resistente e uma estrutura metalizada. Assim é a condução coletiva: algo entre a carne e o metal.

Lembrou do atentado ao postulante contraditor. Por meio de um metal ao encontro de sua carne tentaram finar a sua vida. Sendo contraditor ao grande corpo formador até então da Regência, ele é uma ameaça...

"Qual ameaça ele representa?"

Nesse instante uma centelha de frases feitas e pronta surgiram em sua realidade. As frases são ditas por várias vozes, compassadas, ensaiadas, domesticadas e todas em ataques ao postulante contraditor. Todas desprovidas de razão. Todas pairando no subjetivismo sentimental e débil. Lembrou da inscrição timidamente entregue pela senhora que ali está cochilando. *"Não, não, não! Não está cochilando! Pelo ronco dorme profundamente!"* Lino resolveu pensar e questionar frase por frase que atribuíam ou esbravejavam contra o postulante contraditor.

"Se ele representa uma ameaça, qual ameaça?" retomou a questão em sua auto exploração.

Uns dizem uma coisa. Outros dizem outras coisas. Os que dizem uma coisa, essa coisa praticam. Os que dizem outras coisas, essas outras coisas são para eles a fundamentação das próprias ações. Tudo desconexo. Tudo em viés partidário e conveniente. Lembrou de seus companheiros de lavor, atacam o postulante contraditor exatamente nas falhas deles mesmos. Com estranheza, Lino segura com a mão firme dentro do bolso o papelzinho entregue com a inscrição.

"Esta senhora não parece má, qual a razão em apoiar alguém com tantos desafetos e acusadores?" brotou outra interrogação.

A condução fez um movimento brusco, Lino apertou o papel em sua mão. A deslocação fez com que a senhora soltasse um sonoro ronco, movimentasse o corpo e voltasse a dormir. Lino mirou para o tecido rosado. Possui forma, porém, mesmo assim, em um movimento, essa forma reage como se tivesse sentido.

Uma simples alteração transmite sentido.

Tem sentido.

Lino resolve tocar o tecido rosado. Encontra uma resposta ao estímulo.

Sente. Tem sentido.

O animal híbrido sente o toque. Tem sentido e o sentido de ser parte de algo maior, está nessa presença no mundo. E sobre a maneira como Lino sente? Sente tudo ao seu redor, ora busca não responder aos estímulos, ora nega as suas próprias reações. Tocou novamente o tecido rosado, e esse, conforme o esperado, respondeu ao estímulo.

Tocou o grande verme condutor dos demais.

Toca mais uma vez. Estruturou uma relação entre seu toque e o tecido rosado. Toca novamente e logo surgiu a reação. Lino sorriu.

O tecido rosado sente e tem sentido.

O tecido rosado é a derme do animal híbrido.

Mas e ele?

É fato que sente, todavia, e o seu sentido? Pensou em seu labor e isso não o animou. Seus companheiros sentem fazer parte do local de labor, e assim, acreditam formar algo maior, para Lino isso é uma condição tola e submissa. Nunca sentiu ser parte do local de labor. Para ele, o distanciamento com o local tem em sua fundamentação o gigante abismo do seu provento e do valor por ele gerado com seu suor para a Regência.

Lino sendo um laborador por direito, labora em

uma ramificação da Regência, assim sendo, aquele que ocupasse o cargo de Regente estará de uma forma ligado a ele. Uma ligação longínqua e submetida às influências. Mediante isso, recordou dos últimos Regentes Máximos. Todos, dos vivos, quiçá dos mortos, estão em oposição radical e declarada contra o postulante contraditor. No contexto, se os últimos regentes espumavam contra o postulante contraditor, esse não poderia ser má pessoa, afinal seus desafetos e acusadores não são exemplos a serem seguidos.

Lino teve que rir.

Teve que rir da própria alienação e falta de reflexão sobre os assuntos pertinentes a sua condição de vivente.

Não precisava refletir muito, bastava contemplar ao seu redor, a decadência, imoralidade, caos e miséria tocam as mais diversas partes onde luz ou a escuridão estão presentes.

Os últimos Regentes falharam.

O atual tentou uma articulação maior e mais nobre, porém, mediante o seu vício e as implicações consequentes, falhou. E o próximo? Até o momento é desconhecido, o fato é que escolherá sobre os demais. Escolherá sobre as escolhas possíveis para Lino em suas funções.

Lino não abandona a sua função laboral pois é cômoda. Tal comodismo não impede em laborar para algo prosperar se não tiver parte dessa prosperidade. O comodismo é uma face lenta da morte.

É o momento. Seu momento angustiante.

Suporta este momento. Não encontra seu sentido na ramificação da Regência. Ali, fazendo parte das veias do corpo regencial, é mais um. É mais um laborador, nem o melhor e nem o pior, alguém ocupando um local e ali recebe os proventos por executar determinada função. Perdido no mundo, e em suas divagações internas, direcionou sua atenção para fora da condução. Em um lapso, viu um vulto.

Muitos são os vultos, aquele em questão é um

vulto distinto dos demais.

Não é um vulto qualquer.

É um vulto que chamou sua atenção.

Já tendo passado e não tendo como conferir, em um salto de pensamento, lembrou que é obrigado a contribuir com quantias de seu provento para o coletivo, e isso, também ninguém havia perguntado. Fizeram essa escolha para os laboradores por direito.

Essa quantia arrancada de seu provento é defendida pelos últimos Regentes Máximos, e reiterada pelo atual. Todos diziam e dizem que estão, sempre estiveram e sempre estarão juntos com o laborador, com aqueles que precisavam. Isso não é verdade. Por meio da legalidade, supostamente formada e decidida por eles, extirpam o povo. Se a legalidade não serve para os interesses, a ilegalidade é distorcida em busca de transparecer legalidade. Regente após regente, seja o Regente Máximo ou em seus desdobramentos, firmam os interesses convenientes. As distorções brotam de todos os lados até conseguirem o que queriam e querem. E queriam e querem e irão querer os mangos, dos viventes mais necessitados. Cada pila, eles desejam.

Alguém chamou o Lino.

Tim chamou o Lino, em uma voz que tenta não chamar atenção e, ao mesmo tempo, se comunicar, pela distância tal ação não é algo realizável. Lino não consegue ouvir direito, estão longes. Pediu para repetir mais alto, assim Tim fez:

— Sabe mesmo onde desceremos?

— Sim. Bom, eu acho que sei. Não falta muito.

Tentou situar-se onde está e para onde está indo. Lino, mais uma vez, jogado em um mundo, perdido está.

6. O uso da própria realidade

Durante a semana, Lino e Tim, estavam combinando de sair, afinal, antes do desfecho da semana há um feriado, não sabiam ao menos qual era esse feriado, na impropriedade do cotidiano isso não importa, só sabiam que ficariam sem laborar e com um desfecho de semana prolongado. Mesmo no descanso do desfecho de semana prolongado, os dias secos, alongavam o tempo em sua morosidade.

Um dia muito seco é formado por muito calor na parte clara e muito frio na parte escura. Seguiam os dias em lentidão própria naquele período de esperar as águas do céu. Para os dois rapazes, estar na rua e distante da rotina, é algo agradável, e, até mesmo, agradável na simples situação de imaginar um rompimento da enfadonha cotidianidade. Após muito combinarem e aguardarem o atual momento, ali estão na condução coletiva no rastro da busca de uma noite animada.

Aos poucos a condução coletiva está sendo esvaziada. Lino reparou que Tim havia feito amizade com alguém ao seu lado, ambos estão alguns assentos à sua frente. A comunicação está estabelecida entre eles, Tim conversa com uma mulher com aparência de cansada, todavia demonstra uma postura elegante. Ela percebeu que Lino a observa, ele por sua vez, a cumprimenta a distância e foi cumprimentado. A mulher demonstra interesse nos relatos do Tim. Nesse breve momento de contato com os outros dois, sua atenção buscou um foco diferente das questões anteriores, ou melhor, ele anula as suas inquietações anteriores.

Basta apenas um contato e tudo está distanciado, anulado.

Já foi, já era.

Já não é mais.

Lutará contra isso? Na desistência de si, só dependerá dele a saída da própria mortalha. Isso, se conseguir.

Se conseguir.

Apenas se e somente se conseguir.

Depende dele a saída da própria mortalha, dele e de mais ninguém.

Em uma própria mortalha do sono profundo paira a senhora ao lado do Lino, a respiração forte é sinal que não precisa ser enterrada. Com a própria respiração, e agora atinge o seu auge em um forte barulho gutural. Com o seu ronco, ela acorda. Ainda sonolenta e meio tonta, buscou situar-se onde está e sorriu para o Lino.

Ele retribui o sorriso.

Ela passa as mãos no rosto e olha para fora da condução na tentativa de estabelecer um sentido de localização. Arruma-se como pode: seu casaco, o lenço no pescoço, os fios brancos de cabelo que escapam de um chapéu de pano. Tudo é desbotado e distante de transmitirem uma beleza. Mesmo assim, o conjunto demonstra uma adaptação a esta humilde senhora. E, a seu modo, transmite uma suave aparência de doçura. A indumentária, em sua simplicidade, faz parte dela e uma adaptação mútua forma-se pela cotidianidade. A senhora abre a grande bolsa puída que carrega seus pertences, tira outro papelzinho com a mesma inscrição que deu para Lino e dessa vez estende para um rapaz a sua frente, logo em seguida, para um senhor idoso ao alcance de seu braço.

O velho resmungou sem saber do que se trata e logo em seguida, no encontro do conteúdo, com a voz alterada esbravejou com muita aspereza:

- Me recuso a receber isto! Quem está pagando a senhora? O contraditor ou seus entusiastas? Vamos! Diga!

Com a grosseria os poucos conduzidos que ainda estão na condução, olharam em direção da senhora e do velho. Uma grande discussão iniciou. Colocaram o velho no devido lugar, ou seja, na condição de não ter condições de atacar ninguém! O velho com a voz mais alterada ataca os circundantes. A senhora, constrangida, levanta, e vai para a saída mais distante do tumulto, aguarda com ansiedade o momento de descer. Dominada por berros, a condução coletiva parou e a senhora humilde desceu. Lino, ali dentro, pode ver a senhora lá fora enxugando uma lágrima na face. Ele jamais saberia se ela desceu na parada certa. O velho tosco, combativo, munido de intolerância e discurso ódio sinistro, não calava e queria exigir que os demais se calassem, não media palavras para atacar os que ali estão absorvendo as dores da senhora.

O velho age tal e qual os sinistros treinados e raivosos, querem que todos se calem e não tenham a liberdade de escolha. Atacam como podem. Atacam tudo e a todos para conseguirem algo pretendido. Atacam os que mais precisam e lambem os que não precisam da Regência. A aberração é a fundamentação das ações sinistras. Lino com perplexidade presenciou uma humilde senhora sendo atacada com palavras grosseiras por um vivente declaradamente sinistro.

No interior do verme, a histeria é monumental. Outros sinistros se desvelaram, com ódio querem falar de amor. Quem acusa de proclamar o ódio, o ódio proclama. As afetações desaguam no que toca o Grande Sufrágio em seu primeiro ato. O ódio reinante é exteriorizado e negado para ser praticado. Na disputa pelo poder, vários postulantes perdidos e fragilizados começam a proporcionas a dispersão de forças, e em consequências, aos poucos, lados opostos vão sendo moldados com fúria. Um nutre o outro. O Grande Sufrágio em seu primeiro ato é formado por vários postulantes. Desses vários postulantes, todos estão contra o postulante contraditor. Todos estão contra os entusiastas de uma Regência forte e livre do domínio sinistro.

Lino observou com clareza a tentativa de domínio sinistro ali naquele tumulto. No meio dos ataques, o velho grosseiro e doente, teve a capacidade de parar a troca de insultos com um entusiasta e com um deboche repulsivo direciona-se para o Lino e em berros sarcásticos disse:

— Parou de acariciar a condução? — Lino olhou para o velho e deparou com um vivente amargo, esverdeado e de idade avançada. Idade avançada não significa bondade, no entanto, muitas vezes, significa fragilidade; dessa forma, qualquer palavra ou reação mais áspera ao ataque, colocaria a parte frágil como vítima por meio do olhar dos outros. Agressor e vítima se confundiriam. Subitamente, o velho após o deboche, retomou a narrativa perdida e pervertida entre tentar distorcer vítima e agressor no ataque ao postulante contraditor. Ignorando o velho, negado pela possibilidade de possibilidade da determinação provinda do olhar dos outros, Lino calou-se. Novamente perdido no próprio vazio, em um momento próprio, ignorando a todos, Lino tocou novamente a condução coletiva.

O tecido rosado reagiu.

Lino sorriu.

O velho, em meio a gritaria e rosnados, observando tudo sem deixar de atacar os demais, não obstante, largou uma gargalhada e disse em voz alta:

— Isso é falta de mulher! — e gargalhou em uma gargalhada sonora e forçada.

Envergonhado, Lino jogou seu olhar para fora da condução e tenta o distanciamento do pandemônio ali presente. Lino contempla o início de uma tímida chuva. As chuvas estão atrasadas. A primeira chuva será densa de poeira. Será toxica.

Tóxica igual a situação de todos mediante os humores provindos das disputas do Grande Sufrágio. Não é possível tentar neutralizar a situação desagradável, o velho, faz questão em manter a rizada mediante aquilo que ataca como uma postura de desvio do Lino. Entre gargalhadas, ofensas e ataques contra os que ali estão repudiando o comportamento dele perante a senhora humilde, o velho conclamava um período de prosperidade da Regência durante o auge do comando da Ala Sinistra. Não era preciso ser um grande sábio para recordar que esse período nunca existiu. O velho debochado defendia um dos antigos regentes sinistros que agora está enjaulado. Tal criatura firma a sua situação na Terra dos Pinheirais, sede da província de origem de Lino. Na cabeça do velho venenoso, o antigo regente sinistro está enjaulado por pura maldade.

- Maldade de quem? Ele concretizou a maldade! - Alguém questionou.

- Maldade dos entusiastas do postulante contraditor! Berra o velho e em seu berro acredita que passar respeito.

"Se um postulante era o contraditor de todos que faziam parte do corpo pútrido da Regência, estaria tão errado?" Lino reflete sobre o assunto.

- O velho regente sinistro está enjaulado pois proclamou miséria e morte! E logo a sua comparsa, a regente deposta, também fará companhia! - atacaram o velho sinistro e debochado presente ali, ali nas vísceras no verme rosado.

Cansado dos gritos e provocações, Lino olhou para o velho esverdeado e nada falou. O velho sente-se ofendido por Lino o olhar! Berra mais ainda!

- E você? Me olha desse jeito? Acha que é melhor que alguém?

Os berros do velho não são exclusividade para o Lino, são destinados para toda e qualquer criatura que o velho imagine que discorda dele ou não seja fiel ao antigo regente sinistro, agora, enjaulado. Sem dizer nenhuma palavra, Lino levanta-se e faz um sinal para Tim. Lino vai em direção da saída da condução:

"*Em direção do ânus da condução, local mais digno que a boca desse velho*", controla a rizada que surge com força.

Enquanto espera a condução parar lembra da questão levantada pelo velho: a falta de mulher. No ataque, uma reflexão.

Mais de mês que ele não tem um momento com uma mulher. Momento desejado, até mesmo ansiado, todavia seu tempo era espremido pela falta de mangos e por muito labor. Falta de mangos e muito labor são dois fatores determinantes para firmar o tempo em instantes aéreos e voláteis, distantes do prazer. Tim chega até a saída e ali espera.

Os rapazes esperam a condução coletiva parar, nesse momento, Tim disse que a mulher que estava sentada ao seu lado também conhecia a feiticeira.

"*Pois é! E a feiticeira? A feiticeira que seu amigo falava de forma tão empolgado! Seria sábia?*" Estando perdido, e, perdido em si, desbravar algo em caminhos obscuros será algo interessante. "*Tim está alegre com a atitude do velho mediante a senhora ou é impressão minha?*" Não perguntaria isso, a resposta causaria mais asco e, em consequência, ânsia de vômito. É melhor manter Tim falando da feiticeira. Uma feiticeira, munida de vivência, diria muitas coisas, não em sentido místico e revelador, contudo, no desvelar de uma linguagem própria, e nessa, Lino defrontaria com a própria vida.

Tudo em possibilidade, quiçá, possibilidade de possibilidade.

Estão chegando ao local de desembarque. Ainda é possível ouvir o velho esbravejando e ecoando a sonora e falsa gargalhada.

- Acho que é por aqui - disse Lino um pouco perdido - se não for, estamos próximos, caminharemos um pouco. - Sim, sim! É aqui que desceremos!

Com a condução ainda em movimento, em sintonia, um pensamento em comum surge entre os rapazes, após se entreolharem, de forma automática conferem o suprimento de bebidas escondidas em seus casacos. Começam a rir.

Os risos são abafados pelos berros no interior do verme, são cada vez mais fortes, afinal, o contraditor desperta paixões.

Espiam para fora da condução e veem o início da queda de águas do céu. Espiar é algo interessante, permite um ser de não ser.

Permite a dúvida.

- Chuva! - exclamou Tim.

- Finalmente, chuva! - completou Lino.

- Chuva! E chuva tóxica!

- Pense em toda a poeira que a água precisará limpar até o ar ficar respirável novamente!

- Não, não reclame! Ela não pode ir embora! Quem reclamar não tem direito de tomar banho!

Riram juntos.

- Precisaremos correr para escapar da chuva. - Sugeriu Lino.

- Isso não é problema...o importante é que temos chuva! Mas...justo hoje?

Riram mais um pouco.

Na ebriedade ter ou não ter chuva, a diferença não é grande. Logo, logo estarão ébrios.

O momento de alegria desaparece quando Lino sente a viscosidade do local, encontra o tecido rosa em oposição aos metais de sua estrutura. O assombro da presença do tecido rosado, é similar à derme de um animal espremido entre metais, e, ele mesmo, enquanto parte de tudo isso imanente nos fluídos. Fixou o olhar na saída, tudo ao seu redor firmou em condução ao nada. Conduzido está.

Com exceção da saída, o restante foi nadificado.

Lino, atordoado, apenas dá vazão para a saída que em pouco tempo abrir-se-á. Discretamente bebeu um gole da bebida etílica. Seu sentido de ali estar, estava ali, está ali no sentido de fixar na saída.

A condução parou.

Abre-se a passagem para a saída.

Lino ouve o som do metal, ouve o som da carne. Ambos gemem. Gemem ao encontro: um invade a forma do outro. Carne e metal gemem e agonizam na coexistência.

Os fluídos internos agora são expelidos com vigor enquanto vapor para fora do animal híbrido.

Os rapazes saem.

Lino volta seu rosto para a condução coletiva, essa, com a passagem da saída sendo fechada, começa a movimentar-se lentamente como um verme rastejando todo o seu corpo sobre uma superfície para provocar um movimento e dar sequência à locomoção. Ele está em unidade na relação com o distanciamento do animal híbrido, tal episódio corriqueiro, é repetido independentemente de estabelecer ou não uma relação com ele. Tim mira assustado para o seu amigo:

- O que você usou? - questionou Tim.

- Usei minha própria realidade. - Atônito responde Lino com a voz baixa e abafada, restabelecendo os sentidos, distante de restabelecer o sentido.

Tim o puxou para a parada buscando escapar da chuva.

- Vamos esperar a chuva parar, está totalmente tóxica! Enquanto isso, bebemos aqui. Não será permitido entrar na taverna com bebidas. - disse o cliente da feiticeira.

- Temos muita bebida...completou Lino, ainda um pouco atordoado.

- Não importa...tem muita chuva! Completou Tim com um sorriso.

- É aqui perto, não estamos longe. Caminharemos pouco. - Concluiu o Lino.

Brindam com as garrafas de bebidas quentes, e quentes estão, ali esperam a chuva diminuir.

Ali, com tempo para o diálogo, Lino cogitou internamente em questionar sobre as possiblidades dos postulantes possíveis em depositar o compromisso para o primeiro ato do Grande Sufrágio. É uma questão que está ficando cada vez mais pulsante, contudo o momento não levaria a nenhuma conclusão.

Lino prefere beber.

Enquanto Tim exterioriza seu falatório, Lino

reflete sobre o momento vivido na condução coletiva e surge o suposto vulto avistado.

"E aquele vulto?"

O vulto está ali.

Lino sente a sua espinha anunciar o pavor mediante alguém ou algo o observando.

O pavor é corpóreo. O pavor corpóreo de Lino anuncia que alguém ou algo o espia.

7. Carne e ossos

A chuva diminuiu um pouco, resolvem caminhar rápido para a taverna. Chegaram logo e pouco se molharam. Após inúmeros elogios por parte dos companheiros de labor, Lino decidiu conhecer o local, a promessa era de animação, muita bebida e paquera. Nos intervalos das atividades laborais, quem não conhecia a casa noturna, ficava totalmente perdido perante as histórias dos demais colegas, esses, cada qual em seu momento, vangloriavam o local ao ponto de depositar todo o provento mensal ali. Tudo isso com orgulho, um orgulho em tentar pertencer a um lugar que não os pertence. Tim também ficava perdido, também não conhecia a taverna.

Lino e Tim decidiram, no início da semana, irem juntos para a falada taverna, o melhor momento seria na noite antecessora do feriado desconhecido. Ali estão. A realidade do local e os frequentadores descritos pelos companheiros, foram derretidos com a chuva: poucas pessoas, local escuro em demasiado, cheiro forte de tabaco; em síntese, um local triste e decadente.

Lino e Tim são tristes e decadentes.

Estão em uma caverna.

Tim está calado, na certa um pouco assustado

ou decepcionado, talvez ambos! Pegam algo para beber e sentam em uma mesa. A pequena locomoção apressada do percurso entre a parada coletiva até chegarem à taverna, foi suficiente para amenizar os efeitos anteriores da bebida. Lino levanta face e lê uma inscrição no alto de uma porta:

Para morrer, basta estar vivo.

Ele está vivo. Ainda está.

Está morrendo.

Lino está vivo e poderia morrer.

Na manhã do dia que está acabando, o espelho refletiu o início da calvície e seu primeiro cabelo branco. Está morrendo lentamente. Os vivos entre o céu e a terra, estão morrendo lentamente.

"Que eu tenha cabelo para ficarem brancos" confortou-se no momento.

Seus cabelos estão morrendo.

"E o postulante contraditor? O ataque foi violento! Ele está vivou ou...está morrendo?" Lino não sabe e está espantado com sua comoção mediante o ataque sofrido pelo contraditor, esse é continuamente e incansavelmente bombardeado por seus companheiros de labor em desqualificações, e, no momento, Lino encontra-se preocupado. A selvageria do ataque é diluída nas mais diversas gentes, o pulso da selva antes adormecido, mediante o ato violento, evoca o espírito mais cavernoso. Os fortes enfrentam, os fracos cedem ou vestem uma máscara de vitimização.

"Para morrer lentamente, basta estar vivo" surgiu a frase novamente.

"Não! A frase não é assim!" Lino lê novamente a inscrição para conferir a frase.

"Para morrer, basta estar vivo." Cismou com a frase. De certa forma, ela lhe pertencia.

Trouxe para o seu momento não a frase lida, todavia na frase por ele composta. Na sua interpretação, o vulto e a morte o cercam. Sua espinha gelou e Lino estremeceu na tocante angústia que o assombra. Não pelo vulto desconhecido de outrora, e, sim pelo vulto da sua finitude.

Em cada respiração, Lino apresenta um passo em

direção da morte, você e eu também, leitora, leitor. O dia da própria morte não é certo, porém é certo que chegará. É a única certeza que Lino tem, a certeza da própria morte.

A morte é a última possibilidade.

Na morte está o desaguar do encontro com a possibilidade que tudo fina. Ou, para o que crê, no fim o início. Não é, até então, o caso do Lino.

Lino morre lentamente em cada respiração.

Inspirou.

Espirou.

Mediante a própria respiração emerge em um lapso a respiração da condução coletiva. A morte sendo a última saída, surge a saída do animal híbrido.

Surge a saída da taverna.

Surge a saída da sua própria escuridão, surge a saída da caverna.

Ali, a saída da vida.

Seu olhar elege a saída. A saída que para ele sair precisará passar pela inscrição firmando na morte o fim. Perante outras possibilidades do local, poderia conversar com seu amigo, ou olhar para outras gentes, no entanto, Lino elege a saída nessa relação ao seu redor.

Ao eleger a saída tudo ao seu redor nada mais representa. A saída ali está, o demais não. Perante a morte, não deixa de eleger. A morte é a sua última possibilidade. *" Mas onde e quando ela é dada enquanto possibilidade?"* Mais uma bebida e outra mais. Em qualquer momento, ali, naquela caverna, ou mais adiante, no caminho de volta para sua habitação, a morte é dada enquanto possibilidade. Procurou na caverna o local onde a morte esconde-se. Em qualquer lugar é o seu lugar. O outro rapaz, fala e fala sem parar, Lino, próximo de estar ébrio, correu seus olhos para todos os cantos buscando encontrar o esconderijo da morte. Procura o local onde a morte anuncia a possibilidade final.

A morte é uma possibilidade não proporcionadora de novas possibilidades. Qual o sentido de estar com esse latente e desconexo pensamento? Uma simples condução, uma frase em um lugar reba, são questões despercebidas pelos demais. Para Lino o sentido dessas questões é o seu próprio sentido no momento.

Antes, em sentido de momento, na condução coletiva, carne e metal se retorciam no animal híbrido. Agora, Lino se retorce em sua carne e seus ossos.

Inspirou e respirou.

"Qual o objetivo em estar ali?" Não sabe responder a própria pergunta. Resolveu perguntar para Tim que ainda mantém-se assustado com o local:

– Qual o objetivo de estarmos aqui?

Tim retorce o rosto e levanta os ombros. O vazio de Tim é o encontro que Lino não precisa. De vazio por vazio, reconhece a oferta de nada ofertar.

Lino olhou para o copo, havia bebido todo o destilado em dois ou três goles. Não comeu nada desde o almoço.

Mais uma dose e outra.

A música do local começou a animar os viventes.

Os viventes começam a chegar e povoar a caverna.

Outra dose e muitos cigarros. Uma nova realidade começa a ser ofertada.

Mais uma dose.

Agora, Lino exerce a ebriedade.

8. A morte o espia

Resolveu fumar e beber mais ainda. Lino levantou da mesa e foi buscar bebida, acendeu um cigarro. Aos poucos a caverna começou a acolher os viventes. Com o destilado, o corpo exausto do dia de labor, recebe um estímulo momentâneo. É o almejado, mesmo que fugaz. Quer uma pausa. Um instante, fugir de si. Busca uma pausa de si , os gritos internos são ensurdecedores. Com cigarro e um copo de destilado na mão, recordou de um fato curioso do vilarejo de sua criação.

Quando um rapaz queria se divertir durante a noite, deveria fazer um oferecimento para o mítico Pombero[v], esse garantiria uma noite com fumo, bebida e mulher. Sorriu com o saudosismo, e voltou à mesa com seu companheiro de labor. Analisando bem, está sendo injusto, Tim é o que o Lino tem de mais próximo de um amigo, no entanto a ebriedade leva a considerar a amizade. Amigo ou companheiro de labor, Lino sempre alterna a condição de Tim, de qualquer maneira, a dúvida entre amigo ou companheiro de labor é uma alternância melhor que a entre: amigo ou inimigo.

Tim pode ser amigo ou companheiro de labor. Pombero pode ser amigo ou inimigo. Lino, em sua juventude, havia evocado Pombero. Pombero é o senhor da noite e espia a todos.

"O Pombero estaria me espiando?" Lino teve um espasmo e o espasmo continuou em uma realidade formada com vivacidade.

"Seria o Pombero aquele vulto? Seria?".

Pombero espiava o Lino?

Talvez sim.

Amigos se reencontram com o passar do tempo, inimigos também. Se a passagem do tempo é ilusória, a presença de um e de outro sempre coexistirá.

Se Pombero o espia, isso não é algo tido como certo. A morte o espia. A morte espia a todos. Essa, não é apenas mítica. Na atual noite, Lino está com fumo e bebida, falta a mulher. Se Pombero o espia enquanto amigo, iria trazer mulher. Se Pombero o espia enquanto inimigo, iria aprontar algo.

"Mas amigo ou inimigo?" a resposta logo surgiu.

Pombero está ali enquanto amigo. Lino concluiu isso no momento que Tim o tocou levemente em seu braço e com o queixo, discretamente, sinalizou para um determinado local. Lino seguiu a direção sinalizada e lá alguém o observa com uma suave e sedutora discrição.

Uma linda garota o observa. Aparenta ter pouco mais de vinte anos, uma obscura, bela e sedutora fêmea sentada sozinha em uma mesa um pouco distante.

Lino sente ser olhado.

Olhou.

Os olhares não se cruzam.

Quando olhares não se cruzam, ou sinalizam descaso, ou o início da sedução. Quando Lino desvia seu olhar, é novamente olhado e dessa maneira submete-se na condição de olhar e ser olhado.

Tim, observando os dois, sorriu. Alegrou-se com o envolvimento iniciado entre seu amigo e a bela garota. Um envolvimento suave, sutil. Algo lindo na sintonia do envolvimento entre dois corpos. Um envolvimento silencioso entre fêmea e macho. Um dos sentidos é vivenciado neste recente envolvimento: o olhar.

Lino quer mais.

Lino quer envolver todos os seus sentidos.

Subitamente, surge a imagem formada e a ideia criada do Pombero.

"Seria uma oferta de Pombero? Está ali? Está ali e sendo amigo?" tentando controlar o susto, virou discretamente para os lados na busca de tentar encontrar Pombero.

Pombero pode estar ali o espiando!

"Mas o Pombero é uma crendice!", trouxe essa afirmação para tentar voltar o seu foco no encontro e desencontros de olhares com a garota. Ela já não encontra-se no local de antes. Lino pegou mais uma bebida e sutilmente começou a procurá-la.

Lino a caçará.

"Pombero é uma crendice!" repete para si *"Pombero é um mito?"* questiona sem a necessidade de questionar isso nesse momento *"Sendo um mito é uma representação de algo que alguém está querendo dizer"* a necessidade pode não fazer sentido.

— O que estou querendo dizer para mim? Resmungou e ninguém ouviu por causa da música do local.

"De qualquer forma, estou muito longe do local onde Pombero se faz senhor da noite, por aqui sempre tenho que explicar quem é o Pomberito. Se não fosse por mim, por aqui, o Pombero não existiria!" teve que rir da sua conclusão. Riu da condição do Pombero estar subjugado ao seu bem querer. A existência de Pombero apenas é firmada mediante as escolhas de Lino.

O Pombero estrutura-se nas crendices do vilarejo onde Lino cresceu, de sua parte, mais de dez anos se passaram desde a última invocação e sua suposta intervenção.

Qual a representação agora ofertada?

Lino, surpreso com o retorno do Pombero em sua realidade, busca distanciar de si tal criatura. Buscar não é conseguir. A caverna começa a ficar lotada de viventes. Uma noite atormentada, o pobre trintão percebe a vida inautêntica levada até então, angustiado com isso, e agora, ébrio, caça uma garota, amparado com uma bebida na esperança de anestesiar um corpo exausto em face de um dia de labor. O tempo de selvageria causado pelos dias que antecedem o primeiro ato do Grande Sufrágio e o desespero do vazio interno, são condições da mescla de estar aí em um mundo e o dentro e fora fazem um só coro mediante a gigante tormenta existencial causada pela angústia e não pela embriagues. Face a face com a vida imprópria, defronta a caminhada percorrida mediante suas escolhas e um mundo imposto.

"Poderia passar a ter uma vida própria?" suspirou na sua melancolia inerente.

Eis a possibilidade de rito de passagem.

Passagem da vida inautêntica para uma vida autêntica. De uma vida imprópria para uma vida própria.

Mediante as inúmeras vidas, impróprias ou próprias circundantes, o toque desesperador da morte o observando é constante em sua realidade. Vidas de um lado e de outro, vidas em uma mesma caverna embaladas por um som compassado e febril.

Lino está assustado.

Está desesperado.

Não está desesperado com a possibilidade de possibilidade do Pombero o observar, todavia com a certa e inevitável possibilidade constante da morte estar o espiando.

Ela o espia.

Quem o espia nesse momento não é o Pombero. A morte sempre o espia. No entanto a ausência de um, e a certeza da presença contínua da outra, estabelecem uma irrelevância momentânea.

A relevância está em outro espiar.

Quem o espia neste momento, e o espia com relevância, é a garota.

9. Um sacrifício em três atos?

Sente-se observado.

Está sendo observado.

Pelo vulto? Pelo Pombero?

Pela morte.

Pela fêmea.

"*Mas cadê ela*?" Lino perdeu o seu rastro.

Entre as muitas escolhas, a escolha de seu corpo foi a bela garota, a escolhida escapou. Lino, com mais uma dose, firma a própria realidade no sentido de capturar a presa, seus sentidos, todos turvos, para ela se direcionam.

Não a encontra.

No meio de inúmeras gentes, e agora o local faz jus ao falatório dos companheiros de labor, Lino precisa distinguir faces, corpos, cheiros. Toques. Seus sentidos são sentidos. Precisa distinguir seu próprio corpo dos demais corpos. Se para ele, em um primeiro momento traspassava a realidade de um local com poucas pessoas, escuro em demasia, cheiro forte de tabaco, agora, em um segundo momento o local está avivado após a chuva. Em dois momentos o local também está situado. Durante a parte clara do dia ali ninguém estava, nas mediações sob a luz do Sol a multidão circulava, durante a parte escura do dia, ali a vida pulsa e nas mediações esvaziadas clama a solidão e escuridão. Em uma parte subterrânea, tal e qual uma caverna, firma a taverna. Para o ébrio, a própria caverna. Com as águas do céu e a ebriedade, a taverna não é mais triste ou decadente. Com a chuva, brotaram gentes e festejam o local distante da água do céu e próximos de sentidos.

Na caverna há pouca luz.

Na caverna há um lusco fusco.

Lino, agora em sua escuridão e na escuridão, consegue olhar sem seu olhar desvelar para quem olha. Um leve domínio. Leve. O cheiro de tabaco é mesclado com perfumes, a decadência sumiu em seu último vestígio no início do som frenético. Ela pode voltar.

A decadência poderá voltar.

A bela fêmea poderá voltar.

A morte poderá voltar?

Não, ela nunca o abandonou.

Tanto uma quanto a outra ali estão. Basta uma abertura e surgem.

A realidade mudou?

Lino mudou.

Agora, Lino tem um sentido para ali estar.

Comprou duas bebidas. Uma para ele, outra para a garota caso a encontrasse, caso não a encontrasse, entregaria para o seu amigo, Tim.

Voltou para onde estava anteriormente com seu amigo. A mesa deu espaço para a dança em um compasso descompassado de cada qual. Lino está no mesmo local onde o olhar da fêmea o tocou. O som é vibrante, as luzes e movimentos das gentes também. Bebeu as duas bebidas.

No meio de inúmeras gentes, dançando, reencontrou o amigo, Tim, e esse, não está mais assustado ou decepcionado com o local, empolgado com o poder da música ritmada por someio dos fortes sons dos tambores, dança freneticamente. Os músicos mesclam várias técnicas e recursos sonoros. O som tribal é o ecoado em uma caverna. A festa do corpo é para todo aquele que permite festejar o momento.

Estão em uma caverna.

Em uma caverna, contemplam a grande festa que é o próprio corpo.

Muitos corpos, entre esses o seu, todavia Lino busca um corpo em específico, o corpo da bela garota. Recorre na bebida um catalizador de seus sentidos, o corpo cansado, não está mais cansado. Ao voltar para pegar outra dose, já muito ébrio, apoiado no balcão enquanto alguém lhe serve, sentiu uma mão que circundou sua cintura. Seu sentido proporcionou um sentido para o toque.

Lino é um homem, e como tal, assim se sentiu.

Ficou excitado.

Por meio do toque, sabe ser provindo de uma mão feminina. Sem ver, sabe.

Ele sente.

Sente com seus pulsos de macho da espécie. Em oposição, leve, suave, envolvente, único, foi o toque da fêmea.

Fecha os olhos e sente o momento, mesmo correndo o risco de perder a sua presa. O instante vale e vale muito o risco. Um único instante pode justificar uma jornada.

O instante, como tal e qual um instante, dura pouco, o pouco contado por meio da mecanização do tempo, não faz sentido no valor do prazeroso instante. O tempo contado pelo sentido de tempo, dura muito. Vive o efeito do contato. Sabe que ao se virar ela ou ali não estaria, ou estará distante.

Abre os olhos, seu rosto vira para o exato local onde ela o observa; guiado pelo próprio olfato, mesmo em um local com muitos viventes, Lino a vê e a contempla com um sorriso e o sorriso não é próprio de uma presa.

Por diversão, por condição, o jogo mudou.

Ele não está caçando.

Lino é a caça.

Aquela garota, é uma mulher. Não oferta inocência ou a passiva distração de uma caça. Ela escolhe e conquista. Ela caça.

Ela é a caçadora.

O pobre trintão ébrio é uma presa fácil. Lino

tem consciência: ela, no próprio território, possui movimento e escapa com destreza. Ele está em território alheio e a sua passagem requer um sacrifício. Sendo o sacrifício e percebendo a relação estabelecida, Lino sorri. Há uma oferta exigida. Ele é a oferta. Lino é a oferta exigida por estar em território alheio, assim sendo, querendo continuar a relação, deverá enquadra-se, pois, uma caçadora é movida pela caça.

Sendo nítida a familiarização dela com o local, move-se conforme quer em uma consciência corporal estendida ao espaço circundante. Criando suas próprias conexões com o local, tudo é estruturado em um novo tom: na contínua mudança a realidade dança com todos. Lino, em sua nova condição, sem abandonar a anterior, busca ignorar a caçadora, essa, faminta pelo desafio não aceitará ser alimentada, todavia deseja capturar e matar, e só depois se alimentar. Quiçá, brincar. Ele só a terá se ela estiver convicta que o capturou.

Quem mantém o controle?

A caçadora alimenta a caça ou caça oferta-se para a caçadora?

O sacrifício é exigido ou ofertado?

A interpretação, cabe à cada qual.

Distante da ansiedade de encontrá-la, ela o encontrará, Lino apenas irá agir no território alheio mantendo-o enquanto alheio: ela quer isso, ele ofertará isso.

Perdido, Lino busca dançar em passos ausentes. Na confusão emanada entre as gentes, reencontra mais uma vez Tim, esse animadíssimo com novas companhias; as apresentou, trocam os nomes em um ato inútil devido ao forte som, porém necessário em um rito para distanciar a hostilização.

Conquistar o direito de estar em um local é uma necessidade para a sobrevivência, dançar onde todos estão dançando, também. A ebriedade é um fantástico caminho para dançar a dança dançada pelo grupo: em movimentos diretos e repetitivos marcados por tons, uns mais fortes, outros suavizados, em movimentos leves e dispersos pela melodia, o corpo ganha movimento ao som.

O corpo oferta movimento ao mundo.

Já em um movimento na densidão de um único compasso estendido ao máximo, a bela mulher move lentamente o corpo em direção do Lino.

A anunciação de um ataque é justificada pelo prazer no desespero da face da vítima. Anda, a caçadora, com passos lentos e estruturados, move o corpo mantendo distância, contudo sem perder o foco em sua presa.

O nome dela?

O nome da caçadora?

Se ela falasse não seria o seu nome firmado em uma instituição. Por ser uma bela garota, ou melhor, conforme já constatado, uma bela mulher, o nome Bela, faz mais sentido que qualquer outro nome dito. Reflete o nome Bela o motivo de sua beleza, e, ao ser bela, necessariamente não precisa ser bonita.

No imaginário masculino, cada qual em sua cultura, há uma busca para determinar uma mulher sendo ou não bonita. O quesito de uma mulher ser bela, pode romper a cultura, romper a busca. A beleza é anunciada enquanto tal, por si só, no mundo que habita. E o quê isso tudo importa?

Lino não vê sentido para essas reflexões! Ou melhor, tentativas de reflexões. No entanto, tudo pulsa.

Tudo brota!

O livro lido, a palestra vista, a aula assistida! O conhecimento de rua e o conhecimento acadêmico. O sacro e o profano. A morte em sua realidade palpável, o contraditor e o vulto na possibilidade de ser o Pombero. Sua cabeça não para de funcionar. Seu corpo não para de tentar firmar o encontro com o corpo da Bela.

"Impressão minha, impressões minhas!"

Sim.

Impressão e impressões.

Tudo formado em partes uma realidade de mundo criado por Lino. Ele forma suas conexões. Ele cria o seu sentido de mundo. Lino é o homem como criador do seu próprio mundo. Em meio aos sons e movimentos do mundo, as imagens explodem em sua existência.

No fundo, quer objetivar a situação; quer interpretar, compreender. Mecanizar, cristalizar. Finar.

Não pode.

Seja pela ebriedade, seja pela euforia corpórea, não conseguirá. Tentar determinar o ocorrido é uma maneira de perceber a condição vivenciada, uma tentativa perdida de determinar a caçadora, mesmo que seja, enquanto caçadora.

Seu mundo defrontou com o mundo dos outros. Uma briga entre viventes, com pancadaria, marcas, fúria, berros e sangue. Um defronte com a Bela, um defronte com seus companheiros de labor. Surgiram as palavras desprovidas de sentidos em discursos vagos nos domesticados sinistros. Nas palavras desconexas é possível conectar a realidade tecida entorno do Grande Sufrágio. Nos discursos vagos e domesticados, mais uma vez, todos contra um, o contraditor novamente firma o foco e isso é o sinal claro da insignificância triste e patética dos demais postulantes.

Os opositores do postulante contraditor proporcionam a ele todo o poder e importância desfrutada. É claro isso. Quanto mais o atacam, pelos motivos que o atacam, atacam os viventes entusiastas com a possibilidade de mudança. Sua força aumenta, os seus entusiastas o moldam e não o contrário. A capacidade do contraditor em admitir suas falhas, erros, e possibilidades de mudança, é a solidez de sua força junto com os entusiastas.

A selvageria não está fora da caverna, a selvageria habita a caverna.

"E eu? Em quem depositarei o meu compromisso no dia do Grande Sufrágio?"

São muitas as opções, e, dessas muitas opções, Lino contempla dois lados: o lado do contraditor e o lado de todos os outros postulantes. Ele sempre depositou seu compromisso em postulantes da Ala Sinistra, essa, com vários tentáculos, buscava e ainda busca o domínio nas entranhas de toda a Regência. Lino, nessa escolha, de alguma forma ali se percebe enquanto laborador.

"*Mas após todo esse tempo, alguma coisa mudou?*" Sim, ele sabe, houve mudança. A mudança firmou a miséria e abandono em todas as partes de cada toque tenebroso acionado pelos sinistros.

A briga está controlada.

A briga interna está controlada. Nem uma e nem outra, assim estarão por muito tempo.

Continuou em suas ruminações e por isso Lino está sempre em outro lugar. Ali, lá, aqui. O salto de uma questão para outra é o salto da batida por batida da música tocada na taverna; dos tons emanados da caverna.

" *Onde está a bela?*"

O som e movimento do local são mais fortes que os ensaios reflexivos, esses logo dissipam. Lino, voltando ao encontro com os viventes, sem deles não ter se distanciado, decide dançar.

Dança e dança muito!

Dança até encontrar a exaustão.

Exausto, habitando a profundidade da exaustão, sente vontade de chorar. Volta a dançar. Quase chorando, interrompe os movimentos frenéticos do corpo. Quase chorando, interrompe as vagas e desconexas reflexões.

"*Não faz sentido essa separação!*"

Não faz sentido essa separação.

– Um só corpo! – Lino gritou. Ninguém o ouviu.

Os sons emanados da caverna abafavam qualquer falatório interno. Interno ou externo, não importa, o dentro e o fora não fazem sentido. Faz sentido o som que estremece o local, feito para proporcionar estímulos nos viventes. Lino não para. Os movimentos corpóreos frenéticos justificam a digestão ácida de sua tentativa de objetivar a própria condição.

A condição de estar jogado em um mundo.

"*Cadê ela? Cadê?*" quase com náuseas mediante os diversos estímulos, ele não chora pois não está tão ébrio o suficiente para espantar a vergonha. Se ela fosse apenas bonita, não o enclausuraria em sua busca. Na caverna ela desvela a sua beleza.

Ela é bela.

A beleza não limita, não cristaliza, não determina.

A beleza é o que é.

A beleza envolve, seduz, transtorna. Uma pessoa bela não tem definição, ela apreende, sem ter um motivo de ser. Pensando assim a garota em questão não é bela. O fato é que Lino está envolvido, seduzido, transtornado. Lino está apreendido. Pela necessidade ou desespero o sentido de beleza é evocado e distorcido.

Lino é um tonto ébrio.

Sem nenhuma definição ou determinação a Bela cerca sua caça em todas as direções: em sua embriaguez, em seu corpo, em sua existência. Escolhe com cuidado quem quer, gosta de estar no comando. Sabe muito bem do próprio poder de sedução e dessa maneira permite a si uma diversão quando bem quer. Em seu mundo, o jogo de conquista, a excita.

Agora, distante, Bela observa Lino dançar. Espia o seu engajamento em procurá-la no meio dos demais sem querer demonstrar isso. É disso que ela gosta: estabelecer o ritual. Caçadora e caça estão estabelecidas.

Em um primeiro ato, ainda na mesa, ela ofertou a si mesma para o olhar, em um segundo, proporcionou a sua ausência para se deliciar com desespero, no atual e terceiro ato, ela quer brincar com sua presa.

E agora?

Agora resta o fim.

Haverá um quarto ato.

10. O pedido não esperado

O que a levou a escolhe-lo?

Se Bela pudesse responder, a resposta seria simples: seus olhos melancólicos. Viu nos olhos melancólicos do Lino, mesmo a distância, um olhar perdido, vago, sem nada a ofertar.

Bela sente-se assim.

Mesmo de longe, conseguiu apreender todo o vazio expresso por uma pessoa sentada em uma mesa de uma taverna e isso a absorveu para seu encontro, de alguma forma, partilhavam, cada qual com seu corpo, o desespero de uma vida sem sentido.

Bela o escolheu.

Poderia ter escolhido o Tim, porém o Lino estava na sua mesma condição, perdida, vaga, opaca, distante e sem nada a ofertar. Bela e Lino partilham a mesma realidade. Não que a realidade do Tim fosse muito diferente, no entanto não ofertava a mesma sintonia. Uma sintonia na abertura de um nada de nada.

Em seus pensamentos, Bela mantém a angústia com o sentimento de vazio, busca sanar o próprio nada de ser em outros viventes. Tentar sanar a ausência interna é a foice para consumir com violência o seu desespero de estar viva. Em homens e mulheres, ela quer encontrar a si mesma. Na ânsia de suprir a necessidade de ter alguém por perto, desenvolve a sedução e o cultivo do corpo, o culto aos corpos.

Bastava consumir o alvo almejado e o desespero do encontro de outra criatura munida de um vazio tal e qual o seu, é o firmamento estabelecido em bases inexistentes, nas mesmas fundações propulsiona outra caçada. Não é uma predadora, está presa no vazio de si.

Quer outra presa.

Quer outro corpo.

Não está se importado com determinado corpo, quer corpos. Jovem ou velho, rico ou pobre, belo ou feio. Não determina ninguém. Ou melhor, pensa que não determina ninguém. Determina todos. Pensa que não determinava e determina. Submete os outros em sua própria condição.

Não.

Não cristaliza ninguém. Ou assim acredita desacreditando. Prefere acreditar que não cristaliza ninguém. Seleciona, subjuga de acordo com seus interesses. Nega. Na negação a sua própria e silenciosa razão. É uma questão dela. É a sua própria incoerência mediante o grande absurdo que é a vida. O fato é, Bela: quer um encontro consigo em outro corpo, ao deparar-se com esse encontro, o firmamento no nada é expresso na brutalidade do mundo criado.

Encontro de nadas.

Encontros de nadas.

Encontro de nadas solidificados no vazio existencial.

De nada a ofertar e nada oferecer, o nada é a própria condição de vida para escapar de uma cristalização. Em uma realidade mutável, o nada é a essência.

É possível encontrar na essência de uma fé o crer no sagrado. Bela havia tentado ter fé e essa tentativa foi frustrada. Lino era indiferente a isso, ou, pelo menos dizia ser indiferente. Tentou buscar e nunca encontrou.

Ambos, cada qual à sua maneira, contemplavam

na religiosidade algo bonito e até mesmo útil, no entanto, esse fenômeno não emerge em nenhum deles enquanto crer. Se a fé está distante, o mundo circundante está próximo, e, esse deve ser vivido, sem amarras, sem limites, sem definições, sem determinações, sem cristalizações. Para Bela e Lino, o nada é a própria essência do sentido de mundo. Bela vive a vida com suas regras. A única coisa que a impedia de fazer algo errado é o respaldo dessa questão ser negativa, ou seja, se porventura uma lei proclamada pela Regência ir ao desencontro dos seus desejos, poderia sofrer uma represália. Evita isso. Camufla isso.

Só isso.

Só.

Bela repudia a atual Regência, formada pelo vice Regente da última Regente. Repudia sem compreender. Repudia por repudiar. Repudia no mesmo sentido do seu vazio de ser. Bela é sagaz, se seus desejos são proibidos, sabe contornar as leis proclamadas por um grupo ou instituição. Esta noite, nada do que ela quer é proibido. O nada a acompanha e pairar no nada é algo familiar. Nesse instante, voltou sua atenção para a presa.

O clima da festa está ficando mais intenso, Lino é o seu alvo. Sua presa está pronta para ser abatida. Poderia brincar um pouco mais, no entanto, surge outra garota. Lino está na mira de outra. Lino, ébrio, já não selecionará uma da outra, acolherá os lábios ofertados daquela disposta a esse encontro.

Bela precisa agir.

Passo após passo, sem perder o foco em sua presa, Bela desvia de vivente por vivente e no encontro, adere seu corpo ao corpo do Lino. Atordoado com a embriaguez e a mescla da dança, agora, no encontro de corpos, ele estremece.

Defronte à caçadora ele se encontra.

Nada disse, tampouco ela.

Frente a frente, com os corpos juntos, ela o beijou, afastou-se, sorriu e limpou um pouco de saliva surgida ao lado da boca dele. Lino está em suas garras.

Bela, vira com muito charme, e, após alguns passos olha sobre o próprio ombro para o vivente abatido. O convite é feito. Ele admira a roupa justa modelando o corpo dela e a nuca nua devido ao corte de cabelo curto. No meio dos demais, ela começa a sumir, quando quase some, ressurge guiando-o a distância para fora do tumulto.

Os sons da caverna foram ficando para trás. Longe da aglomeração, Lino a encontra o esperando em uma das saídas: a luz argentina da Lua a toca desvelando o contorno do seu rosto, tem o nariz aquilino.

Lino lembrou de sua primeira paixão. A garota tinha o mesmo nariz aquilino. Em suas determinações pessoais poderia depositar sentido próprio em mulheres com o nariz em forma de bico de águia: altivas e indomáveis.

"Altivas e indomáveis, por isso solitárias também."

Todavia eram suas essas concepções. Suas ponderações mediante a vivência. A vontade de chorar voltou junto com o passado de um relacionamento distanciado em quinze ciclos solares. A sequência de tentativas em reduzir seus outros relacionamentos com seu primeiro é uma realidade latente. Uma clausura e de tal tenta fugir e não consegue.

Ele não foge disso.

Repete o ciclo.

Permite a repetição.

Permitido a repetição a clausura é intensificada com correntes atadas na sua existência. Todavia, é uma de suas inúmeras correntes com o vigor de ter sido. Uma das inúmeras.

No presente, carregando seu passado e com desejos a serem firmados em um futuro logo ali, a certa distância, após contemplar a bela garota, Lino aproxima de um balcão próximo à saída da taverna, compra duas bebidas. Acende um cigarro.

Colocou o cigarro na boca e fixou a atenção nos dois copos para não derrubar, ao segurá-los pensou:

"*Bebida, tabaco e mulher, uma oferta do Pombero*", mesmo desacreditando na figura mítica, o pulso de acreditar desacreditando, ali pulsa no fundamento de sua relação com o mundo. Constante também é a possibilidade da morte. Constante também é o desejo do encontro com a bela.

Tanto Pombero quanto a morte, naquela oportunidade, são irrelevantes mediante um simples olhar da Bela. Caminhando na direção dela, tentando mostrar firmeza e controle, parou e oferta a bebida. Ela, sorriu, aceitou a oferta, mexeu com os dedos na franja: longa e assimétrica comparada com o cabelo curto de sua nuca. Uma gota da bebida estava na mão do Lino, ela lambeu, em seguida olhou para os olhos melancólicos do Lino.

Sorri.

"*Que bela!*" encantado e atordoado Lino retribuiu o sorriso.

Perante a garota, o garoto mantinha os olhos baixos e não a encara, fixa no seu copo, por insegurança, por timidez. O desvio do olhar é a sua fuga. O púbere de ontem, ali vive. Onde está o homem de 30 anos, ali está o garoto de 15.

Sente vergonha.

Sente ser olhado.

Bela, com uma das mãos, segura seu copo e envolveu a outra mão na mão do Lino. Seus movimentos são lentos, pausados, orquestrados, e, cada ação mediante a afetação do rapaz, ela saboreia. Morde os próprios lábios deliciada com a frágil presa que agora está em suas garras.

Bebem as bebidas, e, ela, ao virar, pega a mão esquerda dele e os dois se afastam da caverna.

Faz presente o silêncio na noite e entre ambos. Se antes a secura reinava, agora a humidade é presente. Provinda a humidade de uma chuva fraca, no entanto, chuva significativa para a quebra do período de seca.

No caminhar de ambos, um observador, contemplaria os passos marcados. Estão compassados.

De mãos dadas sem um saber o nome do outro, Lino, timidamente, tenta iniciar uma conversa. Para uma conversa fluir ambos precisam estar empenhados, caso o contrário, um dos dois irá cair no falatório, falatório típico de seu amigo que na caverna permaneceu.

Tim entenderia a saída de Lino da caverna, com isso não haveria preocupação, pelo contrário, serviria para especulações nutrirem o falatório do companheiro de labor, e, dentro do esperado, como quase sempre, ser escutado e não ouvido.

Entre a tentativa de uma conversa e silêncio da garota, Lino iniciará o ensaio de um falatório caso tente a comunicação.

Evitou.

"*Mulheres geralmente precisam de muita conversa antes de estarem dispostas ou propensas para algo mais íntimo*" surge o pensamento no momento de silêncio entre ambos. Geralmente precisam, e, dizer que geralmente precisam, necessariamente não quer dizer que sempre precisam.

"*Está indo tudo muito rápido.*" Lino está enganado. Houve uma prévia. Ela determinou o tempo para estar ou não disposta, ou, propensa para algo mais íntimo.

Ela teve o seu tempo.

Ele não.

"*Qual motivo em me escolher?*" Não sabe o seu nome, ou saberia? Buscou ficar tranquilo. Está certo que é uma mulher, isto é fato.

Não seria enganado tão facilmente.

Sabia de histórias de amigos que acabaram se confundido mediante a embriaguez! Nunca acreditou nisso, no entanto, tem receios de ser enganado quando ébrio está. É tolice essa preocupação. É algo raro! Mesmo em aparente tolice, raridade, as questões continuam a fervilhar mediante o silêncio entre ambos.

"*Caminhar durante a madrugada por um caminho desconhecido?*" Fica receoso. Ele a segue, pois ele a quer. Ela quer ir para a própria morada, manifestou a vontade e o papo não foi estendido.

Uma conversa mais elaborada é inútil quando apenas um quer.

Lino resolve insistir, de maneira mais específica, em saber onde ela mora e a resposta sempre surge de forma vaga e perdida, tal e qual ela. Tal e qual ele. Lino, nas poucas palavras trocadas, sabe a direção. Com poucas informações, com muito custo consegue convencê-la de irem por um caminho diferente do sugerido. Chegarão ao destino, no entanto por um caminho distinto. A proposta foi aceita sem contestação. A excitação na caverna, é substituída por tensão.

Em um caminho desconhecido, na mesma direção, diferente do traçado por ela, Lino espera ter um pouco mais de segurança para continuar a acompanhando até o local onde ela habita. Já estão caminhando na via molhada durante muito tempo. A chuva de outrora apenas lambeu a terra. A lambida melecou o caminho com água e poeira, na mescla, uma incomoda camada fina de lama é formada nas canaletas para a locomoção de viventes.

Poderiam pegar uma condução.

Poderiam, não podem.

Naquele horário as conduções coletivas são raras ou inexistentes. A longa caminhada estabelece ausência de sentido. A urbe habitada por eles possuí uma dinâmica própria. Seu traçado, busca objetividade, e, essa objetividade é questionada. O mesmo trajeto de um ponto para outro, pode ser percorrido de forma mais rápida a pé e mais demorada com as conduções, que, para percorrerem os mesmos pontos, acabam fazendo contornos demasiadamente extensos. A reta para ligar dois pontos, nesse caso, é firmada a pé. Caminham o tempo o suficiente e na direção da morada de Lino. Não comentou. Lino está disposto a ir até onde ela o levar. Estando próximo à sua morada, tem maior conforto. Conforto efêmero. Conhece as redondezas. É a sua área. Confiante disse:

— Vejo que mais adiante há um café aberto...

— Prefiro ir para minha morada. — Sem dar

maiores detalhes, Bela respondeu sem ânimo.

- Eu estou lhe acompanhando...e já estamos caminhando um tempão, não seria melhor beber ou comer algo? *E cadê todo o envolvimento e excitação de antes?"* em um primeiro momento dito em voz alta e tal ação não ocorreu o mesmo no segundo momento.

- Está tarde, irá demorar muito...ou melhor, o mesmo tempo de uma caminhada. - A bela Bela respondeu olhando para o chão, Lino sentiu uma forte atração na fuga de olhar proporcionado. Continuou na tentativa de estabelecer uma conversa, mesmo com a consciência de não ter necessidade de conversa alguma.

- O café está aberto e parece ser um bom lugar. Vamos! Uma xícara de café, talvez um pão amanteigado.

- Não. Prefiro ir para casa. - Ela respondeu indiferente.

- A caminhada parece ser longa, um bom café irá proporcionar um novo estímulo! Vamos! - Conduz ela até o estabelecimento enquanto fala. O pulso ativo de Lino emerge mediante o clima sombrio, o medo proporciona reações surpreendentes.

- Pode ser... - respondeu, enquanto já é levada para o local.

Mais cheio do que o esperado, o estabelecimento é também mais claro que o esperado. Uma mesa vaga para os dois, foi possível em meio à todas as outras ocupadas: o local está reservado por algum motivo para eles. *"Talvez, o local, estava ocupado pelo Pombero e ali ninguém ousou sentar!"* Lino novamente teve um lapso sobre a criatura mítica e o espasmo o coloca certo da necessidade de comer algo e beber uma grande xícara de café na tentativa de restabelecer a si.

Sentados um à frente do outro, a luz sobre ambos revelou peles antes veladas pela escuridão. Ambos, iluminados, aparentam mais idade. Bela, demonstra incômodo com alguma coisa. Quando o atendente chega até à mesa, ela levanta e pergunta onde é o banheiro. Após a resposta, segue o direcionamento.

Sob a luz, sentiu vergonha.

Sob a luz ela pôde ser olhada. Sob a luz ele pôde ir ao encontro dela, não tendo nada a ofertar, emergiu a vergonha.

Em direção ao local apontado pelo atendente, Lino viu três portas, Bela entrou em uma, agora, as três se encontram fechadas: o interior das três, é desconhecido.

Nenhuma abertura. Na possibilidade de abertura, muitas possibilidades.

Bela ao abrir, entrar e fechar umas das portas, não permitiu o interior ser revelado.

Três portas.

Três possibilidades: a morte, o Pombero, a bela.

Apenas uma, em sua abertura, Lino encontrará a bela, essa ofertada pelo Pombeiro, em um encontro com a morte.

"Três possibilidades fundidas em uma. Bela o mataria?"

Lino continua ébrio.

Parado ao lado, o atendente, busca ter uma postura de atendente. É nítido o desconforto com o próprio corpo na tentativa de manutenção de uma postura esperada de sua função de labor. Para ser um atendente, age como atendente. Lino ao se deparar com o atendente, a primeira coisa captada foi a lustra careca em contraposição com as orelhas peludas.

Ao observar bem, não são a orelha em um todo peludas, e sim, a entrada para os ouvidos. Pelos grandes, pretos e em grande quantidade! Tudo o que falta no couro do alto da cabeça está em vastidão nos ouvidos.

"O Próprio Pombero agora faz-se de atendente para espiá-lo!" o espasmo do bêbado não prosseguiu, teve que controlar a rizada. Nitidamente incomodado com o Lino, permanece ali ao lado o atendente. Lino apostaria que o atendente captou o seu assombro mediante o contraste da careca lustra com os ouvidos

peludos. Bela voltou. Sem demora pede o café mais doce e mais caro do estabelecimento.

O mais doce e o mais caro!

Lino detesta coisas doces, Lino detesta coisas caras.

A doçura é proporcional ao preço.

Ao se tratar de mangos, Lino muito rapidamente, ficou sóbrio e optou apenas por uma xícara de café, essa custa alguns pilas. Abandonou a necessidade de comer o pão amanteigado com o objetivo de compensar o pedido da garota.

"Se fosse um pouco mais esperto, levaria ela para a cama sem ter pago esta bebida cara!" com essa exclamação interna depara com a insignificância do provento de seu labor. Constata o corpo cansado perante o esforço gigante desencadeado por sua atividade exercida para o seu sustento. Muitas funções, poucos mangos, tão poucos ao ponto de negar para si algo para comer perante um simples pedido não esperado. Com descaso lembrou das melhorias dos proventos prometidas pelos diversos postulantes da Ala Sinistra no momento que almejam os seus cargos, em diversos níveis, exigem o compromisso dos laboradores nos sufrágios, no entanto, tudo se repete: prometem e não cumprem. Na dependência do fazer crer, criam uma clausura. Os sinistros criam clausuras para o laborador. O descaso com o laborador é firmado na promessa não cumprida e nas insalubres clausuras.

Mediante a insignificância de sua condição laboral e existencial, Lino olha com descaso ao seu redor.

Olha com descaso para as três portas.

Olharia com descaso para a morte e para Pombero caso um deles saísse por uma daquelas outras duas portas.

11. Nus sob a Luz

Sob a luz, estão nus.

Caça e caçadora, quiçá, caça e caçador, tocados pela luz, a alternância emerge. A pele é desvelada, e, nessa questão, sentem-se nus. Não há o que dizer. A vergonha, agora de ambos, revela uma mediação mútua, ou seja, cada qual na mesma condição de olhar e estar sendo olhado, uma oferta no outro de si mesmo em um encontro com o vazio da própria existência. A beleza de ambos, antes instigada com a penumbra e escuridão provocativa da caverna, agora perde a sedução do mistério e revela duas pessoas incapazes de permitirem o diálogo.

- Já veio aqui antes? Lino perguntou sem muito interesse.

- Passei em frente, nunca entrei. - respondeu Bela com menos interesse ainda – E você?

Quase disse que mora ali perto, quase! E poderia dizer que evitava ao máximo frequentar o local mesmo sendo barato, esse barato para ele é caro. Economiza tanto para conseguir honrar suas contas que dificilmente come ou bebe fora de sua morada.

Contém-se e apenas comenta ter estado ali outras vezes. Lino não coincide consigo. Em uma simples situação nunca antes vivida, busca criar uma nova realidade, de frente a si é uma criação contínua, uma criação de si mesmo em um movimento firmado na necessidade temporal, ou seja, na necessidade do momento. Nunca é o mesmo, todavia, arrasta-se na sua nova e incessante criação.

Incansavelmente, cria a si em um mundo.

Está cansando.

Aos poucos tudo abandona.

Cria seu mundo com muletas.

Todos à volta, criam-se. Com muletas ou não, empolgados ou tocando a desistência, a criação é o movimento da vida. Em sorrisos sinceros, em sorrisos descontentes. Em amores, em dores. A criação do mundo de cada qual é contínua. Mundos circundantes. Mundo de cada qual. Apenas a morte tudo cessa. Em sua criação unívoca, com a própria solidificação imposta pelo labor, e, de certa maneira em seu mundo, com seus ouvidos peludos e sua careca, o atendente chega com as bebidas.

Lino tenta não olhar para o atendente, se isso ocorrer, acabará prestando atenção mais uma vez nos ouvidos peludos do atendente de careca lustra, fixou o olhar em sua xícara e agradeceu em voz baixa. Enquanto bebem a conversa não fluí. Ambos sabem da desnecessária pausa ali no café, contudo, ali se encontram e até quando ficarão?

Até terminarem a bebida. A bebida é cara! Deverá ser bebida até o último gole! Lino está um pouco mais seguro em relação à garota.

Um pouco.

Lino demonstra a insegurança de acordo com seus quinze anos. Sutilmente vira seu rosto para o vidro da janela encostada à mesa, com o reflexo ali ofertado, reafirma sua idade. Não é mais o garoto perdido de quinze anos, ainda nutre os mesmos pulsos, no entanto, a própria vivência firmada no mundo o proporciona vazão aos pulsos existentes com um maior controle.

E é preciso um controle para os pulsos?

Questão de cada qual.

Nessa relação, por uma centelha do tempo de um dia, ele mantém conexão consigo mesmo, nada obstante, a centelha do tempo de um dia já passou e é necessário criar-se. Fica excitado com o aparente domínio sobre o mesmo pulso agora articulado com maior experiência na idade atual, isso o motiva a seguir com a caminhada e com a sua guia.

Sua guia?

O que ela pode armar?

Guia, presa, caçadora.

Garota, mulher.

Bela. Bela.

Pouco sabe dela.

Sabe o que quer dela.

Terminando as bebidas, com pesar financeiro Lino paga o que deveria ser pago. Ele bebeu cada gole do seu café preto sem açúcar e forte em uma xícara grande e simples, observa: ela não bebeu nem a metade de seu café mesclado com inúmeras outras substâncias, doces, meladas, espumas, várias texturas, em uma taça única e diferente. A elaboração e doçura refletem o preço, não o aproveitamento ou o interesse.

Voltam a caminhar.

12. A voz doce

Bela e Lino caminhando estão, mais uma vez na via molhada, ou melhor, na via lambida pela chuva. A água caída do céu apenas diminuiu o acúmulo de poeira do ar após um longo e intenso período de seca. A caminhada ainda será um pouco longa, Lino já articula novas possibilidades entre os caminhos escolhidos. Agora, nem ao menos as mãos dadas estabelecem um contato. A euforia inicial, no início ficou. Sob a luz um pôde olhar a si próprio no outro, olhando a si mesmo no outro, a consciência do outro busca em si a busca de se revelar na ausência do sentido de ser, nessa ausência de sentido, provocadora da vergonha, o vazio de ambos entrou em choque: nada de nada; o distanciamento no nada de ser, ali reside. De qualquer forma são livres e essa liberdade é convidativa ao festejo.

Tal encontro de liberdades possibilita firmar a libertinagem em busca de festejar os corpos livres em um mundo. Porém, gozando da liberdade, são dois estranhos. Não duvidam disso, são estranhos para eles mesmos. Em síntese: ambos estão acovardados do próprio nada; destarte, buscam um encontro no vazio.

Se uma pessoa é munida de vazio e a outra

também, talvez se reconheçam nesse sentimento em nada firmado, entretanto não há nada a se ofertar e fugir de si ao encontro de outra pessoa, nesse encontro, surge a abertura para a saída buscada por muitos no desespero mediante a própria solidão.

Bela busca em cada uma de suas conquistas, em cada uma de suas presas, encontrar alguém para preencher o próprio vazio. No vazio do outro, jamais preencheu o próprio vazio.

No nada, em encontro com o vazio, jamais preencherá o próprio vazio.

Firmado está o nada.

O frustrante encontro de vazios proporciona uma imensa lacuna na própria vida, em consequência desesperadora, Bela, muitas vezes tentou antecipar o encontro com a última possibilidade. Enquanto viva, e viva nesse mundo, a última possibilidade é o encontro com o fim.

A angústia de estar só em um mundo e o desespero firmado na decadência futura de seu corpo, impulsionam uma bela mulher em conquistas variadas, é a maneira de enfrentar as próprias limitações, agora, ali, ao lado daquele rapaz, sabia que tudo seria mais uma vez algo passageiro.

Sem laços, sem fundamento.

O nada é a sua companhia.

Um momento a mais e nada mais.

No decorrer da caminhada, ela sente um pouco de frio, busca não demostrar, faz questão em manter os ombros desnudos e seus ombros são lindos. Lindos e adornados com tatuagens abstratas minuciosamente estruturadas para conduzir os olhares até a sua nuca, ali, uma outra tatuagem com o desenho de um réptil completa um percurso pela parte superior do corpo, e assim, ao distrair a sua presa, consegue observar enquanto sutilmente mexe os seus lábios ou seu cabelo. Em alguns momentos, ambos.

A tatuagem com o réptil é de um lagarto nativo do local.

Na couraça do réptil tatuado, um símbolo

também ali expresso em tatuagem. Um símbolo usado por um dos tentáculos da Ala Sinistra, e, de certa forma, um símbolo fundamental para compreender a ideologia sinistra.

Em duas forças, uma mais moderada e outra mais radical, a Ala Sinistra se divide. O objetivo é o mesmo, dissipa as forças para ludibriar e então atacar. O símbolo unifica Ala Sinistra e seus inúmeros tentáculos.

Lino percebeu o sinal.

A Ala Sinistra monopoliza por décadas as mais diversas áreas da Regência e cargos derivantes. Seus tentáculos se infiltram, espremem, invadem diversos setores e espaços. A ocupação de espaços é melhor definida como invasão de espaçoes. A sombra sinistra, habita a garota e o sinal está ali: encrustado no corpo que habita.

"Tudo o que me ronda parece estar consumido em si, as próprias forças são usadas para manter forças. Mesmo sendo um laborador por direito, e, de uma maneira ou outra, fazendo parte de uma das ramificações da Regência, estou satisfeito em minha condição?" Não. Lino não está satisfeito em sua condição.

Lino gostaria de ter alguém para conversar e tentar entender a justificativa de mais uma vez validar seu compromisso com a Ala Sinistra, ou, em buscar uma outra possibilidade.

Quando é preciso pensar muito para justificar algo, a justificativa já está firmada na própria instabilidade.

"Qual outra possibilidade?" De um lado o postulante contraditor, no meio, dois ou três em uma transição sabe-se lá para onde, os outros postulantes, em grande maioria, ou pertencem à Ala Sinistra ou são seus vassalos transvestidos em tentáculos. A Ala Sinistra no comando, tudo o que toca de uma forma ou de outra consome e provoca a destruição; em alguns momentos lentamente, em outros, com força e ímpeto da agilidade sem limites de uma besta faminta. A decadência nociva e miserável é a realidade que fundamenta a Ala Sinistra, por parte dessa,

sempre que questionada ou defrontada em suas barbáries, seus dirigentes surgem com uma desculpa simplória ou uma justificativa repleta de sentimentalismo débil para o rastro de sombra e desgraça. Se de uma maneira não funciona e nem de outra, a agressividade e barbárie reinam.

Lino não aguenta mais desculpas ou justificativas. Lino espanta-se com a possibilidade da Ala Sinistra ou seus tentáculos estarem envolvidos no agressivo e bárbaro ataque ao postulante contraditor. Seu próprio corpo sofria as consequências. O corpo do contraditor, o corpo de Lino. Diretamente afetado, começaram a retirar uma parte de seus proventos para que essa parte subsidiasse a vivência dos jubilados. Porém, os jubilados em questão, da mesma maneira como Lino, foram laboradores por direito e fizeram a contribuição deles!

O provento sumiu!

A Ala Sinistra apresenta, conforme de esperado, uma desculpa. Desculpa simplória. Também apresenta, conforme esperado, uma justificativa. Justificativa firmada em sentimentalismo débil. Desculpa sem sentido, justificativa sem justificação. A mentira é reinante. A Ala Sinistra, no comando da Regência, consome cada mango, cada pila, das contribuições acumuladas dos jubilados e laboradores.

"Não são esses viventes pela Ala Sinistra supostamente defendidos? Onde está a defesa?! Existe ataques!" Se Lino questiona abertamente essa retirada de seus proventos é considerado o errado. Para os outros ele é o errado. Os outros, no caso, os sob manipulação e domesticação sinistra. Se tentar entender o motivo de ser considerado errado, é tido como intolerante. Para os outros companheiros de labor, ele é intolerante.

Os outros, sempre os outros.

- Mais amor! - Alguém gritaria.

- Veja o próximo! - prosseguiria outro com o grito, no entanto nem um nem outro buscam amar ou ver o próximo.

E o amor por Lino? Onde está? Lino enquanto o próximo dos outros?

Se alguém souber, avise-o.

Evitando confusão e estando só, Lino cala-se. Ao calar, Lino entra na domesticação: consome a própria existência. A obtenção da domesticação e servidão dos viventes, é a questão desejada da Ala Sinistra. Todos passivos e obedientes, todos sob o comando da estrutura corporificada na ideologia sombria. No ato de calar, Lino vive intrínseco no corpo da Ala Sinistra. Bela tem encrustado no próprio corpo o símbolo de tudo aquilo que Lino começa a contemplar com distanciamento. Ela, portadora de muito envolvimento, tem armas. As armas de um corpo e este corpo Lino deseja.

Com suas armas, armas circundantes em relações corpóreas, Bela oferta-se para poder controlar. Ali na caminhada, ela sente frio. Não demonstra isso. Não quer o casaco do Lino, ele havia suado na caverna, agora ao transpirar o álcool ingerido, certamente seu casaco está com cheiro pior. Ela não quer admitir que ele pode ter algum domínio sobre ela, nem mesmo o domínio de ter o poder de distanciá-la do frio. Nisso, é fato: ela já está sob o poder de algum domínio.

Lino não oferece seu casaco, quer que ela peça e compreendeu que isso não acontecerá. Seu olfato o acusou que ele fede. Nessa caminhada mutável, um observa o outro e pelo outro as escolhas possíveis emergem em novas escolhas. Escolhas de escolhas. As escolhas não param de pular das mais diversas partes.

Dentre as possibilidades ofertadas nas escolhas, uma relação de poder.

E onde habita o poder?

Os dois sendo tontos apenas contemplam a questão de ter ou não poder sobre o outro em uma situação desnecessária. O ego é a muralha estruturada sem necessidade entre os viventes. Na fria, gélida e obscura caminhada, Lino viu o anuncio impresso e divulgado do polêmico postulante contraditor desencadeador das mais diversas paixões.

Ele sabe que aquele anuncio é bancado pelos entusiastas, que, cansados de décadas de regências sinistras, agora buscam o benigno. Entusiastas parecidos com os viventes de sua família. O postulante contraditor representa a questão de muitos que estão dispostos a lutar por aquilo que acreditam, por isso desperta tanto a fúria dos apoiadores das causas sinistras bem como a ira patológica e febril dos regentes e representantes da Ala Sinistra e seus tentáculos. O contraditor, amparado por legiões, é a ameaça viva e corporificada à ideologia das trevas.

"O postulante contraditor, aceitando-o ou não, representa o meu pai, a minha mãe. Os meus avós. Tias, tios, primas, primos. O postulante contraditor representa aquela senhora humilde da condução" concluiu Lino. O postulante contraditor o representa em sua origem.

"Não, não, não! O postulante contraditor ataca e é grosseiro!" tentou negar o pensamento anterior, todavia outro logo surgiu:

"Em qual sentido ele ataca e é grosseiro? Qual a relevância disso mediante tudo o que está em disputa?" o silêncio próprio para o pensamento foi interrompido por um barulho de descontentamento da Bela ao se deparar com outro anúncio pró-contraditor. Em um impulso, Lino quase comentou sobre o Grande Sufrágio.

Quase.

Parou com a boca aberta que iria iniciar o primeiro som. Ele parou, seria um assunto vivo e sanguíneo entre os demais, no entanto o menos apropriado para aquele momento entre dois.

Ela percebe e acha graça.

Nada falou e admirou os olhos melancólicos que haviam chamado a sua atenção.

Bela quase sorriu.

Quase.

A caminhada continuou.

A caminhada continuaria.

Lino inspirou e espirou.

Inspirou.

Espirou.

As possibilidades brotam.

As escolhas aí emergem.

As escolhas possíveis se multiplicam em cada passo. Vias, canaletas, becos e vielas, cada qual oferta possibilidades. Pombero pode estar ali, naquele beco escuro espiando, também com seu cigarrinho e sua bebidinha mais adiante em outra viela. Na próxima via ou na canaleta distante.

Pombero mantém-se o mesmo: ora amigo, ora inimigo. É o mesmo, não com os ouvidos peludos, iguais ao atendente de careca lustra, é o mesmo, com seus pés peludos e espiando todos que um dia lhe pediram algo ou o invocaram.

Junto ou separada do Pombero a morte também pode estar em alguma via, canaleta, beco ou viela; surgida com um assaltante, drogado ou até mesmo nas belas mãos da Bela. O vulto percebido outrora, pode não ser o Pombero. O incerto vulto também pode surgir.

Também o demônio ou um de seus filhos.

"E sem falar no Sarta Moita, o pobre demônio que vive na escuridão do seu Vilarejo." em saudosismo constante, Lino lembrou de suas origens. Com exceção do Sarta Moita o restante aterroriza Lino. O Sarta Moita vive muito distante dali, faz parte do seu vilarejo e seu vilarejo faz parte dele! É tão inofensivo que talvez nem seja demônio. Uma alma penada, um espírito errante. No absurdo que é a vida, depende da interpretação de cada qual.

Bela surge nessas dúvidas sombrias e ocultas. Com seu envolvimento, que agora, mesmo adormecido, ainda desperta a atração de um homem. O mistério é intrigante, sendo intrigante, seduz, envolve. Talvez por isso, Lino submete-se a sua vontade, ou ela estaria submetida a vontade dele?

Ambos, de certa forma, encontram as vontades. Um encontro momentâneo, no entanto, um encontro.

Lino encontra naquela garota, uma oferta de sexo ou um encontro com a morte?

Ambos.

Por fim, toda a excitação da noite contempla a

questão: a mortalha é ofertada pela bela mulher. A bela mulher é excitante, o limiar estabelecido entre vida e morte também.

Uma caçadora quando escolhe a sua presa, precisa estruturar o local de abate, e, isso, a Bela faz.

Ela poderia estar o levando para uma armadilha.

Mas qual?

Ele nada tinha de valor para ofertar!

"Meus rins!" surgiu um caso de seu tempo púbere: uma bela mulher iludia bobões para pegar os rins e vender no mercado clandestino! Esse caso, se colocado em uma linha do tempo, está no meio da vida entre o seu nascer e do momento que vive!

Esta relação temporal *"Seria um sinal?"* espantou-se. Mais uma vez essa mesma divisão entre o nascer e o morrer!

Mas os seus rins não seriam qualificados para a venda! Lino bebe muitos destilados e fermentados alcoólicos seus rins não teriam valor de negociação...

"Chega!" firmou o verbo imperativo para si e em pensamento.

— Chegamos. — Ela disse com a voz doce.

13. Quarto e último ato

Quem chega, chega em um lugar. Apesar da escuridão, nenhum perigo é anunciado. Nenhuma pessoa na rua. O local, a Bela, ambos entram em sintonia, uma sintonia não diferente na extensão da urbe e seus viventes. Não ofertam perigo aparente. Lino não acredita no tom da voz ouvida. Antes a voz era fria, misteriosa, envolta em sedução. Agora é doce, quase choramingando.

- Mora só? - Lino pergunta confiante na tentativa do estabelecimento de um diálogo.

- Não, não. Moro com outras duas moças e... - Em um lapso de segundo, Lino já imaginou uma brincadeira com mais garotas, porém ela continuou - e a senhora dona do local.

A brincadeira, mediante a senhora, mostrava uma impossibilidade do imaginado. Uma mente inquieta pulsa sem parar.

Lino não entende nada! Quanto mais tenta entender, mesmo entende.

Conhece bem o tamanho das moradas daquela região, qual objetivo dela o ter levado tão longe? Certamente não é uma boa escolha ter um relacionamento em uma habitação pequenina, se ali mais pessoas vivem no espaço reduzido, poderiam ver e ouvir o que é esperado que não vejam e não ouçam. O esperado não é o necessário, Lino sorriu mediante as inúmeras possibilidades.

Ela percebeu o sorriso e sorri. Para na sua frente, ele envolveu sua mão na cintura dela e beijou seus olhos, então, com firmeza, pressionou o corpo dela contra o seu e a beijou.

Foram para um local mais escuro e ali, em uma explosão do sangue habitado no corpo de ambos, toda a caminhada instaurou sentido.

O local não faz sentido, o momento sim.

Faz sentido o momento e os sentidos também fazem sentido. Tato, olfato, audição, visão e paladar. Junto com os cinco, ali está o equilíbrio, proporcionador da possibilidade de seis sentidos. O equilíbrio necessário para permanecerem em pé na festividade de seus corpos.

Seis percepções de mundo fundidas em dois corpos formadores de um. Um mundo. Fundido em dois corpos o equilíbrio emerge enquanto sentido de equilibrar-se em pé perante o festejo interno, somente e somente nesse sentido. No demais é a paixão evocada do momento.

Na penumbra ela volta a ser tão bela quanto antes, muito mais! Esse muito mais é enfatizado quando ela, por meio da larga gola de sua camiseta, mostra o seu seio.

Envoltos no momento, desaparece a vergonha.

O seio é branco, redondo, firme. É o mamilo mais rosa e delicado que Lino já havia visto em toda a sua vida. É lindo. Acolhendo a oferta, apenas respira próximo ao mamilo, por sua vez, ela sussurrava, Lino mantém sua quente respiração sobre o mamilo.

Lino inspira.

Lino espira.

Sente o odor delicado da alva pele.

Começa a morder levemente, ela tenta abafar o próprio gemido com a sua mão, então, ele divertindo-se com a situação, fez o esperado por Bela. Os sussurros e gemidos da garota são unicamente e exclusivamente provindos dos estímulos recebido em seus seios. Lino com força aprofunda seus dentes na carne tenra ofertada.

Ela não é a caçadora, ela é a caça.

O momento foi suspenso quando Lino assustou-se com uma luz que acendeu em uma janela.

A luz, mesmo sendo fraca e amarelada, ilumina sua face.

Um novo olhar.

Em consequência de um novo olhar, aflora novamente a vergonha; agilmente parou e disfarçou, ela, ela o segurou com toda a sua força. Os corpos quentes, unidos firmam os sentidos e adicionam o equilíbrio. Quando a luz amarelada da triste janela se apaga, longe do novo olhar, Bela segura a mão Lino, e, levando-o para um canto mais escuro, aos fundos da via que chegaram, disse com malícia:

- É a janela do quarto da senhora dona do local – sem permitir algum comentário, Bela alisou o peitoral dele e desceu pelo seu corpo até ficar de joelhos.

A caçadora emergiu.

Nesse quarto e último momento ela abateu a sua presa. A caçadora ali sempre esteve.

Lino se retorceu.

Lino foi abatido.

Com muito sentido e sentidos, bela finou o quarto e último ato.

14. Os caminhos abertos

Com sedução, Bela exerce a sua presença na vida de quem escolhe. Ou melhor, de quem permite ser escolhido. De sua parte, ela e Lino, ficariam sem nomes e sem contatos.

Caçadoras, justificam-se como caçadoras, agindo como caçadoras: sem limitações, prisões, determinações, definições. Mesmo que sejam limitadas, prisioneiras, determinadas, definidas. Optam pela liberdade de possibilidades. Este é o firmamento da fuga de si. Se Bela fosse abandonada não teria a força para suportar. Prefere abandonar.

Bela caça o ausente em si, caça a si mesma em cada um que consegue conquistar e manipular. O manipulador, sofre manipulação, ela é manipulada. Após o Lino, lançar-se-á para outra caçada? Gostaria de acreditar que não, contudo não acredita que irá se controlar

Enclausura-se em um ciclo. Um ciclo quase sempre em quatro atos. Quase sempre, não é sempre. A chave da clausura permanece em suas mãos, no entanto ela é a sua própria inimiga.

Em busca de uma nova presa evitando determinar, ou cristalizar, acaba determinando e cristalizando. Bela determina e cristaliza a sua existência na própria clausura. Negando a própria determinação, seu encontro solitário em um mundo, é o refúgio da total incompreensibilidade do sentido de sua vivência. Após o momento estruturado, desde o momento fixado no encontro com sua presa da noite, agora, tudo consumado em quatro momentos, nada mais faz sentido. Com sutileza, precisa despedir-se do pobre rapaz, que, mantém-se zonzo, perdido, anestesiado.

Lino está satisfeito.

Bela está satisfeita.

Ambos em satisfações momentâneas. Um momento de tempo tão curto que é contado em piscares de olhos. A satisfação passou.

Bela não está mais satisfeita.

Lino não está mais satisfeito.

Bela não encontrou consigo no outro corpo. Lino tampouco.

O choque de vazios firmou um vazio maior.

Ela buscará outro corpo?

Ou melhor, outros corpos?

Provavelmente.

Esse ali presente, não faz mais sentido de continuar ali estar; os olhos melancólicos dele passam para a condição de olhos irrelevantes. Bela iria se despedir, quando Lino a interrompe e passa o seu contato, ela mostra indiferença, todavia, mesmo assim, o coitado insistiu em se iludir da necessidade desse gesto. Na realidade, mais por ela que por ele.

Lino tenta de alguma maneira demonstrar a gratidão. A gratidão poderia surgir do último ato? O espanto do questionamento não é uma surpresa!

Para ele é necessário passar o contato.

Sendo necessário para ele, Bela, muito esperta, aceita o contato sem passar o dela.

Lino quase pede.

Quase.

Sente leve dor e tristeza ao entender o possível fim firmado.

Tudo já foi.

Já era.

Não é mais.

Após uma fria despedida, Lino espera ela se afastar, deu a volta no local, e, agora, ele a espia. Não consegui ver a porta que ela entrou, contudo pode ver uma luz se acender próxima à janela por ela dita ser da senhora dona do local. Supôs ser o quarto da bela garota. Viu algum movimento e espera a luz apagar. Resolve voltar pelo caminho antes percorrido.

Já está amanhecendo, neste horário, as conduções coletivas começam a circular. Lembrou dos mangos gastos com as bebidas, resolve economizar esses poucos pilas da passagem e decide ir caminhando para sua morada.

Sem condução, conduz seu próprio caminho.

Sob a frágil luz matinal, Lino contempla uma condução coletiva passando.

"Na luz solar, esse grande animal híbrido não é tão assustador" Lino distanciou o ar de estranheza perante aquilo que havia o transtornado na parte escura do dia.

Na parte clara do dia, sob a luz solar a pele da condução coletiva é velada. O tecido rosado desvelado na ebriedade e escuridão, permanece distante do assustador duelo entre metal e carne da estrutura revelada na parte escura do dia.

Após a condução coletiva sumir na via de locomoção, voltou a caminhar e ponderar sobre o motivo de toda essa caminhada, Bela poderia ter tido o que queria em inúmeros outros lugares. Possibilidades de escolhas não faltavam.

"O que ela buscava? Uma fantasia naquele local em específico? Seria a adrenalina do momento? A insegurança das vias? E como está o postulante contraditor após o atentado, estaria vivo?" muitas perguntas, e das muitas perguntas, provavelmente Lino teria poucas respostas.

Bela poderia apenas querer a companhia de uma caminhada. Talvez apenas um momento mais longo na companhia de alguém.

Talvez, talvez.

Talvez.

Além dessas últimas questões, expandindo para

as outras muitas, entre a viabilidade de leves e frágeis resposta, Lino atrevia a chegar em uma conclusão:

"*A morte não me encontrou essa noite*" sorri timidamente.

Quem o encontrou foi Pombero.

Pombero abriu seus caminhos.

Pombero proporcionou tabaco, bebida e mulher.

Por mais essa noite, Pombero não foi inimigo. Na parte escura do dia, mais uma vez, Pombero mostrou ser seu amigo.

15. No momento, livre do inferno

Iniciando a parte clara do dia, a volta para sua morada seria poética se não fosse patética. O odor de álcool e tabaco brotam da pele do rapaz. Para Lino, a passagem da parte escura para a parte clara do dia, é um momento transformador: permite um início, um começo. A luz cinza formada na junção dos raios solares com as nuvens, permitem as formas do caminho urbano, antes obscurecidas, serem desveladas em significativa decadência. Não há beleza.

Seu corpo em movimento perante o caminho e a solidão é o único a transitar na via.

Lino é um homem solitário. Questiona tal condição. Reconhece a condição de estar só em um mundo, todavia, estando só em um mundo, seus pensamentos lhe acompanham, e, enquanto vivo, mesmo com as degenerações corpóreas, ainda terá a própria companhia. Seus pensamentos já não são tão vivos quanto eram, sua vida cotidiana é povoada por pensamentos de cobranças e obrigações. Aos poucos, tudo isso está se consumindo.

Aos poucos abandona muitas coisas.

Aos poucos abandona a si próprio.

Aos poucos consome-se.

A solidão emergiria?

Pensando sobre o próprio pensar, e possível solidão, Lino chega próximo do local que habita. Avista as inúmeras janelas das habitações: uma sobre as outras e por trás de cada qual um ou mais habitantes. Várias vezes ficou angustiado com o pequenino espaço por ele habitado, isso desparecia, logo lembrava da condição de alguns vizinhos, que, não sós, partilham a mesma minúscula morada com outras pessoas. Nessa situação, em um espaço em comum, cada qual, na mesma morada, no meio dos demais é necessário o isolamento. Para suportar o convívio é preciso evitar atingir o mundo do outro. A solidão é prerrogativa mesmo com companhia, o contrário, é uma possibilidade viva desencadeadora do inferno.

Possibilidades vivas desaparecem na cotidianidade. Conformar-se pelo simples fato de não ter que repartir o minúsculo espaço é uma limitação em suas próprias limitações.

"No entanto, por instantes, estou livre do inferno" o reconforto mediante a miséria alheia não é conforto. Indo para sua morada, buscando o conforto de seu leito, Lino encontra os primeiros sinais de vida em coletividade. Uma canção distante é reproduzida em alguma morada. A canção é de um velho cantor que encontraria com o próprio fim no mês seguinte. Lino gostou de ouvir, despertou nele um sentimento distinto dos vivenciados até o momento. Leveza, descontração e até mesmo um frescor matinal e psicológico.

Na canção reproduzida, o cantor é nativo de outro povo e de origens distantes do próprio povo que representa, canta em um idioma diferente do seu idioma original. Com esta canção, ele desbravou corações na aldeia humana. A canção, em sua letra, expões a face da mulher que ele não consegue esquecer e do sentimento mesclado entre prazer e arrependimento.

"Qual a face da Bela?" Pensou enquanto ouve a canção e com dificuldades tenta traduzir.

"A face dela era a face de ter muitas faces", concluiu. O sentimento evocado pela canção é

diretamente oposto aos evocados com Bela, no entanto, de uma maneira ou outra, ali ele a descobre. O sentido de solidão ganha um novo acorde em uma melodia com muitos tons.

Lino se aproxima de sua vivenda.

Avistada do presente local, a vivenda é horrível e não será diferente no seu encontro; dali, é possível avistá-la em seu todo e assim se apresenta: uma grande, antiga árvore tocada pela decadência do tempo, com uma única entrada na base, essa, com uma escada no interior do tronco leva o habitante para galhos mais altos, e, em sua continuidade, galhos mais altos ainda; nos galhos firma os casulos, casulos menores e casulos mínimos, cada qual uma morada para abrigar um ser vivente ou mais. Abrigo das águas do céu, alguma proteção, quiçá, a privacidade é possível dentre limitações encontradas naquele habitat distante do toque do cuidado.

"Alguma privacidade..." Lino teve que rir mediante as limitações da privacidade em um local onde as moradas estão estabelecidas e separadas em mínimos limiares. Chegando em sua morada, com a canção presente em sua corporalidade e ainda com o odor de Bela em seu corpo, Lino entrou e ao subir as escadas reconhece o aroma do café sendo feito em uma outra morada. Nessa, em questão, habita uma família numerosa. Lino fica feliz por morar só. Conhece parte dos habitantes, em suas relações, os distingue entre desconhecidos e conhecidos. Os desconhecidos por ali estão de passagem, em grande maioria por algum labor temporário em uma das ramificações da Regência. Dos conhecidos, tenta estabelecer alguma interação, são eles: a velha encarregada, o habitante adjacente, as duas consortes, a família numerosa, a velha e o neto, e, o velho com tosse sem fim. A tosse do velho só terá fim com o seu próprio fim. Cada qual em suas buscas, cada qual em sua desgraça na esperança de possibilidade de uma fagulha de glória. Alguns, nem isso.

Alegrar-se com uma vantagem pessoal, em comparação com a desgraça alheia é algo vil, é firmar a própria miséria na miséria maior do outro. Lino é consciente disso e não se envergonha, até mesmo sorri. Sorri da própria condição miserável, menos miserável que a de muitos.

Os habitantes dos casulos mudam de período em períodos, a renovação é orquestrada mediante o comando exercido na Regência e ramificações. Conforme os novos regentes, novos habitantes, esses, em maioria, laboram para os que laboram na Regência. Mesmo a Ala Sinistra dominando a Regência ciclo Solar após ciclo Solar, seus tentáculos competem entre eles na ocupação de espaços. Os tentáculos firmam em um falatório uma independência da Ala Sinistra, o falatório sendo falatório, não passa convicção nem mesmo para os mais fervorosos viventes das subdivisões das alas sinistras formadoras pelos vassalos. Agora, com as incertezas de uma futura e nova Regência, sendo favorito o postulante contraditor, tudo está próximo de mudar de forma drástica. Se assumir o cargo de Regente Máximo, o contraditor, muito enfático, afirma de forma clara e objetiva: irá reduzir o tamanho da Regência e suas ramificações.

A Regência, inchada e obesa, necessita com urgência de um severo regime.

Em um suposto comando da Regência com o direcionamento do contraditor, muitas ramificações serão podadas e a gordura flácida será enxuta. Isso implica diretamente nos laboradores, sejam os indiretos, sejam os por direito. Em contrapartida, manter os sinistros no comando, é a manutenção da decadência, desvios, horrores e atrocidades denunciadas com força por muitos.

16. Kaayguá

Os sinistros ao longo do tempo proclamam a escuridão, e, a ignorância do povo é formada com sangue e fúria. Sangue dos mortos pelos combates e desvios e fúria dos vassalos defensores da Ala Sinistra e subjacências. Lino depositou seu compromisso nos sinistros, de uma forma ou outra, em um tempo, os percebia enquanto seus representantes.

Agora, nada mais faz sentido.

A decadência do período de regência dos sinistros é palpável na miséria e destruição. Basta reparar a sua própria vivenda, que, por sinal, fica próxima ao centro de comando da Regência. Deteriorada está a situação financeira da Regência, deteriorada está a situação financeira de Lino; abriu sua carteira e contabilizou os mangos gastos.

Seu provento nunca é totalmente seu.

Os tributos para o assistencialismo promovido pela Regência, consome parte de seu provento, outra parte para uma contribuição quando for jubilado, e, o mais drástico, assustador e medonho: a contribuição para sanar o rombo do fundo dos proventos dos atuais jubilados. Os integrantes das Regências sinistras consumiram cada mango dos fundos dos jubilados e diversas reservas. Em grande fome, não tendo mais reservas para consumirem, na manutenção da comilança, passaram a devorar diretamente parte dos proventos dos laboradores. Na fome doentia, lambem o prato para não restar nenhum pila.

A revolta, mediante as injustiças, é gigante.

E o pior e mais desesperador: os próprios sinistros julgam, decidem, criam, tudo o que for para beneficiá-los e libertá-los de culpa ou responsabilidades. Também escolhem pelos demais. Um simples passo ao lado, tentando a liberdade de tal sistema opressor e o vivente com esse ato percebe a ira dos sinistros.

Toda vez que Lino tentou questionar, era acusado de não pensar no próximo. O pensamento sinistro é estruturado para ser reproduzido pelos viventes domesticados.

E quem pensava no Lino enquanto próximo?

Tal questão, no discurso alienado dos vassalos sinistros, é reflexo de egoísmo. A alienação é própria do vassalo. A Ala sinistra exige a fidelidade de seus vassalos, quer exclusividade no compromisso de cada qual com as causas determinadas válidas.

Lino depositou seu compromisso nos postulantes da Ala Sinistra, no entanto nunca foi um vassalo. É um laborador, e como tal, vislumbrou na ideologia sinistra algo para firmar-se enquanto laborador. Na sua condição de laborador, Lino apenas oferta para si as limitações de seu casulo triste em uma vivenda habitada por inúmeros outros corpos. A vivenda é formada de laboradores.

O laborador do laborador ali está.

O laborador do laborador de outro laborador ali também está. E, sem muito esforço essa questão é articulada em amplitude de jogos de palavras em grande extensão.

Uma vivenda formada por laboradores.

Uma vivenda que, mesmo para laboradores, oferta diferenças em seus casulos, são estruturadas mediante os mangos que cada qual está disposto a desembolsar.

Formada a vivenda por casulos, casulos menores e casulos mínimos, em coletivo, são tão feios que tornam a árvore que os sustenta com uma aparência muito e muito mais antiga que a sua real existência temporal.

No último galho e no último casulo é encontrada a morada de Lino. Habita um casulo menor. Toda a vez, ao abrir a porta, recorda a habitação de seus pais, nela, o seu quarto é maior que seu casulo menor, porém ali, defronta com a busca da construção de sua vida, e lá, é a vida que construíram para ele. A vida de outros, na ótica da vida ideal para ele. O ideal está distante do real.

Construir a própria vida é um dever para buscar a si mesmo e não o esperado de si, tal escolha implica em um fardo, por ironia ou fuga, Lino acaba sempre se divertindo com o peso das próprias escolhas. E, em consequência, com o fardo imposto.

Entra em seu casulo e prepara uma infusão. Infusão preparada com uma erva provinda do local que foi criado: a erva-mate; não é alucinógena, seu nome é ilex, toma por meio de um ente próprio de sucção, uma bomba de mate, e, em um recipiente de sua mesma origem, uma cuia. *Kaayguá* é o nome da infusão na língua dos povos antigos. *Kaa* é a erva, *y* é a água e *guá* o recipiente[vi]. Algo tão próximo e ao mesmo tempo tão distante. Colocou também na infusão umas folhas secas de yanten[vii] trazidas de sua última viajem do seu local de origem.

"Os vinte primeiros anos vividos definem todos os demais" essa frase sempre surgia, e junto, a sua possibilidade de superação.

Sempre.

Estava tão longe geograficamente, porém tão preso em sua existência na criação que é cercado de utensílios, símbolos e alimentos do local de sua própria origem: o mais distante é o mais próximo, isso o atormenta.

Também é atormento por sempre ter depositado seu compromisso nos postulantes sinistros, aos mais diversos cargos da Regência. Um compromisso não depositado com autonomia, ora por influência de amigos, ora pela indicação dos dirigentes de do seu local de labor, claro, eles precisam do suporte dos membros da Ala Sinistra para a manutenção de seus cargos. Nisso tudo, na terra de origem de Lino, desde o último Grande Sufrágio, uma equipe havia estabelecido o destrinchar do corpo inchado da Ala Sinistra e seus tentáculos.

Esse grupo, pertencentes à Regência, todavia não submissos aos integrantes da Ala Sinistra, já estavam por muitos ciclos solares retirando sangue e mutilando as aberrações dos integrantes da Regência em variados níveis e seus capachos. O feito, dos feitores, é firmado com tamanha força e convicção que conseguiram derrubar o maior representante dos sinistros, tal criatura, chegou a ocupar o cargo de Regente Máximo, agora está enjaulado, e sua sucessora, havia sido deposta. A fome e os vícios dos dois só não superavam as próprias aberrações de suas existências.

Um grande corpo, por sua extensão, é abatido em partes.

Tal grupo, munido de justiça, coragem e rompem com as funções burocráticas conclamando o espírito heroico, são chamados de feitores. Lino contempla o labor desses viventes, com muito interesse. No seu labor, sobre o labor deles não podia falar! Afinal os feitores caçam sinistros e todo aquele com ações turvas. Os sinistros e a moral conveniente andam de mãos dadas no caminho de ações turvas.

Os sinistros dominam os diversos níveis do local do labor de Lino, não todos, porém a maioria. Estão ali, no comando, em vários níveis, sendo possível, enquanto um todo, distinguir em dois polos: os dirigentes por indicação e os dirigentes por competência, esses poderiam ou não ser por direito. A questão de vassalo existe em ambos e depende de cada qual, no entanto se o primeiro grupo a justificativa de submissão é estruturada em decorrência dos proventos gordos, disso o segundo grupo não partilha.

O segundo grupo tateia o desespero.

Um ou outro escapa.

Um ou outro.

Os sujos tocam a caldeira do próprio demônio com suas maldades. Desviavam quantias estratosféricas dos tributos pagos pelos laboradores. Desviam para eles mesmos ou para o plano ideológico de uma Regência absoluta almejado pela Ala Sinistra e seus tentáculos. A Ala Sinistra ordena, os tentáculos, não admitem obediência de maneira exteriorizada, porém obedecem com fervor e devoção, próprios dos membros pertencentes de uma seita macabra.

Quando a sujeira é muito intensa, os que nela viviam demoram para perceber o que é estar sujo. O encardido, pode contemplar em si a limpeza se esteve muito acostumado com a sujeira. Lino, fazendo parte das ramificações da Regência, começa a perceber a poeira levantada pela movimentação feita pelos feitores.

"Faz muito tempo que os feitores estão destrinchando O Corpo da Regência e limpando a sujeira de suas vísceras. Curioso...acusam muitos dos postulantes que hoje estão buscando o compromisso de muitos de nós." Lino em suas limitações, encheu uma cuia e busca na infusão na tentativa de restabelecer-se, após um período de exaustão corpórea. Esforça-se em compreender a si mesmo, e, para compreender a si mesmo é necessário ligar sua vida com suas escolhas e as escolhas que regentes, em mais diversos níveis, escolhem para ele.

"Mais que óbvio! Eu preciso me responsabilizar por minhas escolhas, mas me responsabilizar pelas escolhas que fazem para mim? Isso é assustador!" Lino necessita dormir. No dia anterior, em suas duas partes, ele viveu com amplitude o tempo mediante a própria condição. Cantarolando a última melodia que tinha ouvido, Lino descobre que o cantor está vivo por quase um século!

"*Quase um século de vida!*" mediante as suas limitações corpóreas tendo praticamente um terço do vivido pelo cantor, está admirado com a conquista de quase um século e o vigor ainda emanado. Lino mediu o cantor mediante a própria métrica. Em um porvir próximo, o cantor encontraria o próprio fim. Em menos de um mês isso acontecerá. Em questões futuras, ou melhor, em questões de um porvir, um século de vida não pode ser dito para quem ainda não completou cem anos.

O quase um século de vida, não é um século de vida.

Fato: o fim é para todos.

Lino organizou uma sequência de músicas e sentou próximo à única janela de seu casulo para contemplar o retraído Sol. A música de agora relata sobre alguém que busca cheio de esperanças o caminho de seus próprios sonhos, nada é fácil, todavia mesmo assim, continua com esperança pela fé que o impulsiona.

"*Qual é a minha fé?*" pensou Lino.

Tentou buscar em vários lugares e sempre volta para a própria tradição familiar. Além da tradição familiar, na vida estruturada na rua em seu meio no vilarejo, as figuras míticas não eram simplesmente crendices, não são necessárias, quiçá, contingentes. Fazem parte do imaginário e da criação de mundo de muitos.

Lino foi criado dentro da religião dominante e no curso da vida acabou se reduzindo no meio, mediante o convívio com viventes ligados aos sinistros, distanciou-se da própria fé que um dia tentou cultivar. Tentava um retorno para a fé e desistia mediante o defronte de simples provações.

Lino é um homem de pouca fé.

Até na religião a Ala Sinistra faz esforços para determinar o bem e o mal. Os conceitos são distorcidos dos conceitos da criação de Lino, por suposto, da grande maioria. Os conceitos cultivados, distante de sua família, nos últimos ciclos solares, tocam a parte obscura e ofertam os atos ao querer sinistro. Com a recordação de sua família, costumes, surge a opção viva em depositar o seu compromisso em um postulante diferente de tudo aquilo cultivado até então. Busca um encontro consigo. Busca um encontro com suas origens. Nas suas escolhas para os postulantes, buscando novas possibilidades, Lino poderá ter um encontro.

Ao depositar seu compromisso em uma nova possibilidade de postulante, haverá um encontro?

Ali haverá uma possibilidade de mudança?

O ali e o aqui muitas vezes se confundem. As possibilidades ofertadas em um mundo não estão limitadas no ali e no aqui. Podem estar aí e mais adiante também.

Lino está com sono.

Imagens, sons, reflexões pulsam.

No dia anterior, nesse mesmo momento, Lino estava acordando, em outras palavras, vivenciou acordado uma parte clara e uma parte escura do dia. Agora, uma nova etapa clara. Na nova etapa clara, reflete sobre as outras duas, estão firmadas no labor, nos pulsos internos, no encontro. Todas, não separadas, todavia unidas, estão fundidas no próprio corpo.

Enquanto bebe os últimos goles da infusão, levanta suas pernas em uma cadeira e observou os próprios pés vermelhos e inchados. Sua pele inchada e vermelha é similar ao tecido rosa da parte orgânica do animal híbrido. Supôs que seus pés firmam a mesma condição por consequência da longa e intensa caminhada.

Após estar saciado com a infusão, resolve preparar algo para comer: temperou um pouco de peixe em conserva com pimenta vermelha, alho, orégano, alecrim; grelhou duas fatias de pão feito com trigo escuro e fez uma xícara de café. Café preto, forte, sem açúcar. Essa é composição do seu desjejum favorito, ou melhor, essa é a composição do seu desjejum favorito ali na sua morada em sua atual condição e mediante suas limitações, já na casa de seus pais, a composição alimentícia seria outra, mais vasta, mais calórica e com gorduras proporcionais ao sabor, ou seja, em abundância.

Concluiu: *"no entanto, esta é a realidade formada por minhas escolhas"* poderia fazer o presunto cru servido na casa de seus pais e com isso adicionaria um sabor de sua morada original. Não é difícil, a execução demanda tempo, será fácil e terá uma variante para o desjejum.

Uma variante e pouco gasto. Cada pila tem o peso de mangos.

Surge uma escolha para ser feita. Seu tempo de descanso ou curtir um pedaço de animal para o preparo do presunto? Toda escolha é uma escolha a ser feita. Seu tempo para o preparo do presunto cru ou outra atividade? Entre as escolhas, lembrou de um outro tipo de escolha.

A escolha feita por Pombero, esse, ora amigo, ora inimigo, escolheu ser seu amigo na parte escura do dia.

"Crendice...crendices!"

Pombero nem sempre é amigo.

Seu corpo anseia por repouso. Não o de Pombero, o corpo do Lino.

17. A única oferta

Após a sua breve alimentação, ao tomar banho, levou junto sal grosso e optou por água gelada. A restauração do corpo emerge de dentro para fora com a imposição da baixa temperatura. A restauração do corpo da Regência imerge de fora para dentro com a imposição da fria e perspicaz ação dos feitores.

Um alívio, tem Lino, por instantes.

Após o banho, seca o corpo, coloca uma roupa leve, arruma alguma coisa ou outra enquanto espera o cabelo secar. Evita dormir com o cabelo molhado, acredita não fazer bem, e esse acreditar, provém de sua família. Havia ficado duas ou três vezes resfriado quando dormiu com a cabeça molhada. Ouviu tantas vezes para não dormir com a cabeça molhada que, quando dormiu, não fez bem. Não ariscou uma quarta ou quinta vez.

Com a simples possibilidade de um resfriado, mesmo em uma esfera silenciosa, a morte o visitou.

Semelhante a última música, Lino sofre a tortura de chorar a própria morte?

O cabelo secou.

Ao deitar para dormir, não tem nenhuma

garantia em acordar. A certeza de voltar a abrir os olhos é inexistente. Se morrer ali, ali ficará por muitas alternâncias da Lua e do Sol até o momento que o encontrarem. Muito longe, sua mãe ficaria desesperada. O desespero dela seria maior que o de seu pai. No entanto o desespero de seu pai seria abafado na tentativa de ajudar a controlar a própria esposa mediante a amargura da perda do filho.

Jamais saberia.

Tal ideia é fria e cruel.

Deve lutar e pensar na vida, porém isso não acontece. É até mesmo um desejo prazeroso em seu íntimo: fechar os olhos e não abrir mais. Deitado em sua cama de solteiro, não tem ninguém consigo, ou melhor, não tem ninguém ao seu poder, isso é diferente.

Não vive sob o poder de ninguém, situação mais distinta ainda ou totalmente intrínseca na anterior. Depende de cada qual em cada situação.

A solidão ali está. Ali, ali na sua cama.

"E se Bela estivesse aqui comigo?"

Ela foi o momento.

Foi um momento.

Não sentiu-se seguro com ela.

Não sentiria segurança com ela ao seu lado.

"E alguma ex-namorada ou caso já vivido que eu me sentisse seguro?"

Das que conseguiu recordar ou não o satisfaziam sexualmente ou estavam casadas, com filhos, distantes. As que o satisfaziam, ou não sentia segurança e confiança ou não o queriam. Muitas e muitas e não estava com nenhuma. Seu casulo é pequeno, alguém habitando ali junto com ele é a instauração do conflito.

A coexistência no mínimo espaço seria antecipação do inferno na clausura de viventes.

De sua cama, pode contemplar toda a sua morada. Contempla com calma o seu casulo. Todo o possuído, se é que alguém possui alguma coisa, ali circundante se mostra: os utensílios para preparar a alimentação, seus livros, suas vestes, muitas coisas. Todas essas coisas permitem levar a sua vida na mais profunda economia, até objetos para exercitar o corpo ele organiza no seu casulo evitando assim gastar em local de exercícios. Ouve o habitante adjacente berrar, ele sempre berra! Vive em um casulo mínimo, de certa forma simpático, também provém da mesma província do Lino. O habitante adjacente beira a neurose com limpeza e alimentação, durante a madrugada tem surtos de ira e nos ataques, Lino nunca consegue entender para quem é direcionado, se é que existe alguém além dele. São conterrâneos, e esse encontro regional, não provoca aproximações. Ali deitado, Lino consegue ouvir a voz do habitante adjacente em tom moderado, algo parecido com um monólogo. Não conseguiu distinguir nenhuma palavra do barulho emitido por sua voz. Voltou a observar a sua morada, tem plantinhas também, umas para servi-lo, outras pela beleza. As plantas para a beleza também o servem, servem para a sua contemplação. Bela serviu para a sua contemplação também. Permeando ele e tudo que o cerca, ali deitado, o sentimento de morte é instaurado.

O sentimento de morte toca a sua pele.

"E se eu morrer, quanto tempo levará para me encontrarem?" a angústia é sua companheira.

"O que isso importa?"

Seu corpo estará ali, ali no silêncio.

No silêncio, incharia e verteriam os fluídos do corpo. O fluído do seu corpo, naquele momento ainda é constituído e mesclado com os fluídos do grande animal híbrido. O fedor seria a única oferta para os habitantes da vivenda. O chorume do seu corpo escorreria e ao incomodar o habitante adjacente ele surtaria. Surtaria com a sujeira, não com o possível morto. Caso acontecer algo, o habitante adjacente é o seu socorro mais próximo.

"Ele berraria sem parar!" teve que rir.

"O que isso importa?" a angústia está ali. Está ali mesmo, ali espremendo a sua garganta.

Está ali.

É real.

Ali na sua garganta habita a angústia.

A angústia se corporifica em uma massa densa, pesada e espreme a sua garganta.

Voltou a imaginar o sentimento de desespero que seria provocado em seus pais.

"*Sinto prazer nisso?*" silenciou.

Ele sente prazer nisso.

Sem medo, não reprimiu o emanado. Libertou o pensamento, mesmo que mórbido. Seus pais encontrariam o filho após muito tempo, já em decomposição avançada. Sua única oferta para seus pais seria seu corpo pútrido, vertendo fluídos e atraindo vermes e insetos.

Lino vivencia o ponto de desespero do vazio da alma, e essa, ele não sabe se habita seu corpo. Lino habita um casulo e o conhece, no entanto, desconhece o corpo que habita. Está preocupado com o próprio destino. Um destino após a morte, todavia com a impressão causada por seu corpo já sem vida.

Tudo além de suas possiblidades.

A impressão seria dos outros, não sua.

Enquanto morto, estaria firmado em sua própria finitude, em seu nada de ser. Sendo um nada de ser, nada poderia fazer.

Nada pode fazer.

Com o corpo exausto e o sono violento, Lino não adormece. Seus olhos pulsam, seu corpo é pesado. Do leito, consegue ver raízes de algum vegetal externo ao seu casulo invadindo as frestas da debilitada parede de sua morada. O local cimenta a decadência e o mundo natural ocupa o local distanciado do cuidado humano.

Seu mundo ânsia por cuidado.

Em seus espasmos, comtempla as raízes. Elas poderiam ir ao seu encontro e dele se alimentarem.

Sua carne ofertaria alimento para plantas.

Plantas alimentadas com seu corpo; aquilo que era seu alimento, dele se alimentará. Em oposição daquilo que está por vir, busca o sustento, ao acordar iria preparar os vegetais e os animais para sua alimentação, faria seus vegetais fermentados. Não tinha necessidade. Era uma busca, uma busca de cuidar da própria vida. Tentaria fazer presunto cru também.

Tentaria. Seria. Poderia...

Tentará se vivo estiver.

Os pensamentos desconexos ganham intensidade mediante o desgaste corpóreo.

Em seu leito, entre o dormir e as intensas questões existenciais, seu corpo já proporciona a posição própria para o encontro com o fim. No entanto, o encontro foi com o vigor te ter sido.

18. O Obscuro

Lino fecha os olhos e surge o seu local de sua origem. Lugar povoado pelo imaginário fantasioso, onde cada fenômeno natural ganha aspecto sobrenatural. Exausto, Lino visita a si mais de dez ciclos solares atrás.

Uma noite específica em outro tempo, lá está Lino. Revivendo o vivido.

– Faz-se senhor da noite o Pombero! gritam os velhos bêbados nas amareladas e encardidas bodegas frequentadas por Lino e seus amigos no final do período púbere e limiar da entrada da idade da vida adulta.

Naquele tempo os mais jovens pouco confrontam os mais velhos, em grande maioria do tempo, apenas ouvem. Ouvir não é condição de obediência. Para aqueles jovens, ouvir os mais velhos é a tentativa de compreender, por meio do projeto falido de vida deles, o caminho e condição para tentar escapar da mesma sentença.

Uma tentativa.

Uma das inúmeras tentativas de sobrevivência. Tentar escapar não é condição de conseguir escapar da vida falida e auto consumida dos outros.

Tentativa de escapar do quê?

Daquilo que o outro acusa.

Lino e seus amigos ouvem certas coisas dos velhos na tentativa de aprender, outras de esquecer, ambas devem ser refletidas, porém a reflexão desaparece rapidamente com a ação. Em alguns momentos ouvem atentamente para fazerem exatamente o contrário. Quando se está entrando na vida adulta, a reflexão é secundária, o corpo exige a ação, e essa, para a maioria dos rapazes, é a resposta de forma ágil e direta, por vez mascarada, no entanto, em grupo, sendo mascarada, jamais será desvelada. Se o objetivo é um calço para a ação, e, nessa, o forte pulso da aventura, uma noite de farra é um bom caminho e os velhos ali em coro, sabem uma maneira para ajudar a agilizar tudo:

— Chamem o Pomberito, daí[viii]!

Pomberito é o Pombero, que, por inúmeros favores prestados aos velhos, acabam o tratando com intimidade. Quase todos ali são religiosos, e, cada qual em sua maneira, exercem a Religião. O caminho turvo no encontro com o Pombero não é justificado ou usado como desculpa. É escolha. E, enquanto escolha, aquele que escolheu, deve se responsabilizar pelo lado sombrio escolhido. Logo um deles complementou:

— Se chamarem o Pomberito... cuidado! Ele volta para buscar alguma coisa, daí! — disse o velho mais empolgado dos que ali estão.

— Mas o quê, daí?

— Ele volta, daí?

— Buscar o quê, daí?

Impacientes, os rapazes questionam os velhos.

A resposta é recebida pelo silêncio e o silêncio fala. O silêncio fala muito, basta querer ouvir.

O silêncio fala exatamente aquilo que Pombero volta para buscar. Com um simples olhar, ao redor da bodega é possível defrontar a entrega ao desconsolo perante a vida limitada e decadente dos velhos ali presentes; limitações corporais, físicas, financeiras, sociais, culturais, incontáveis outras e acima de todas: as existenciais.

Os velhos em lamúrias ali coexistem.

É chamado de velho aquele que está entregue nas limitações atingidas mediante as próprias escolhas. Não é colocado enquanto velho, alguém vertente de escolhas impulsionadoras de possibilidades.

Ser velho ou não, é escolha de cada qual.

A escolha sempre surge e até a escolha de alguém em não escolher, provoca a presença da escolha. O velho enquanto velho, limita as suas escolhas. O velho enquanto possibilidade de velhice expande as suas escolhas.

Em uma relação próxima com os velhos, em seu retorno, caso invocado anteriormente, Pombero retira algo para limitar as possibilidades de escolhas: limita um financeiramente, outro fisicamente, ainda outro emocionalmente e mais isso aquilo e algo a mais em muitos outros. Pombero abre os caminhos para que seja facilitada a conquista de tabaco, bebida e mulher, contudo, o preço virá. Escolher evocar Pombero, recai em um retorno.

Escolhas são sempre escolhas e recaem em consequências.

Ao escolher a ajuda de Pombero, uma consequência será desencadeada, ele volta para buscar algo valioso daquele que antes foi ajudado em outrora. Mesmo as possibilidades de escolhas sendo limitadas, elas, durante a vida, sempre existirão. Nesse contexto, um dos velhos conta uma longa história pessoal sendo no início empolgante e com um desfecho trágico.

- Quanta asneira... - Lino fala baixinho para um de seus amigos, ele realmente duvida.

- Fica quieto, daí! - retrucou de forma áspera um amigo muito interessado em ouvir o velho.

- Todos falam, falam, falam...e funciona mesmo? - pergunta um dos jovens para o velho.

- Claro, daí! Cada um que está aqui já pediu uma ou várias noites de farra para o Pomberito. Pombero é o senhor da noite, abre caminhos para o jovem ter uma grande aventura na parte escura do dia... - entre a fala, ele ri da atenção cativada dos jovens ali presentes. Constante na bodega, o velho passa à noite consumindo meinhas. Meinha é a meia dose de pinga ou graspa. Todos ali são tão limitados em seus pilas que se alguém tivesse uma garrafa de graspa a reservaria para beber dentro de casa e escondido de todos os outros. De meia em meia dose o velho estende os seus pilas para conseguir também expandir a noite e manter-se com pinga o máximo possível.

- Se peço uma inteira, bebo uma inteira! Se peço uma meinha, bebo uma meinha, daí! - é a desculpa do bêbado.

A desculpa de um bêbado existe para ele manter-se bêbado.

A desculpa de um bêbado sempre faz sentido apenas para o próprio bêbado.

- Uma meinha para anteceder a outra meinha! - exclama levantando o copo. Com um olho defeituoso, sua face parece com o craquelado da pintura de uma velha janela de madeira, Lino, por sua vez, presta atenção nas inúmeras faces articuladas pelo velho ao invés do assunto desenrolado. À sua maneira, em sua condição, o velho, é sábio. Tem o conhecimento dos peixes dos rios próximos, das plantas e seus possíveis usos na medicina popular. É muito preciso ao descrever caminhos distantes e curvas de rios, fala de muitas histórias fantasiosas, e, o mais interessante: discursa sobre as questões e figuras míticas e místicas como se fosse um clérigo. Todo seu mundo criado é emanado e diluído no imaginário coletivo do pequeno vilarejo. Seu olho são, olha para o mundo, o olho defeituoso o além-mundo, quiçá, o aquém-mundo. Vendo o além-mundo, o olho defeituoso não é defeituoso. É igual o olho do gato que fielmente o acompanha. O velho tem um gato e uma mula surda. Vive enquanto jubilado e das vendas das plantas e animais ofertados pela natureza. Plantas e animais, por ele coletadas, e, por ele caçados e pescados. Seu tempo é dividido na coleta, caça, pesca, na bodega ou em longas empreitadas para conhecer os lugares que se abrem no entorno do vilarejo por ele tão amado. Blasfemado, porém amado. Sempre as suas ações e intervenções são confeccionadas na lentidão própria do vilarejo. O vilarejo é o seu único referencial de habitação em uma vida inteira, não poderia amar outro lugar. Não poderia odiar outro lugar. Seu apelido é Capiroto, é possuidor de um vigor e uma altivez invejável por qualquer jovem. Alguns dizem que ele, por causa do temperamento e bebedeira, foi abandonado pela família, outros, que abandonou a todos para viver a própria vida. Isso ou aquilo, é questionável, a resposta varia de acordo com o portador do discurso. Nesse momento, o Capiroto discursa sobre o Pombero.

— Não é difícil, se fosse difícil nenhum desses velhos aqui caídos teriam tentado. Por ser fácil todos tentaram e todos pagaram e pagam o preço. Nunca esperem amizade total do Pomberito, pois ora ele é amigo...— foi interrompido em coro pelos rapazes:

— E hora inimigo, daí! — todos riram, um riso mais de nervosismo que de euforia.

— Paga mais, paga mais uma meinha para o velho! — sussurrou um dos rapazes para outro.

— Minha mãe me esfola vivo se souber que estou aqui! E ainda gastando meus pilas com o velho Capiroto, daí! Pague você! — retrucou o outro rapaz.

— Eu não! Eu já paguei, daí! — enfatizou o rapaz. — Por que trouxemos aquele tonto ali?

— Para ele pagar as meinhas e manter o velho bêbado, falando o que queremos...— cochichou um terceiro rindo e indo em direção ao dito tonto.

— Você! — continuou em sussurros, agora com o tonto. O tonto, por ser tonto, ficou mais tonto ainda e arregalando os olhos, disse:

— Eu? O que tem eu, daí?

— Pague um meinha para velho continuar bêbado e contanto tudo sobre essa desgraça do Pombero, daí!

— Ué? Mas por que eu, daí? Ainda mais para uma

desgraça dessas...- o tonto, mais tonto ainda em sua tontice, na sua vez não queria pagar.

Já irritado, o rapaz com o dedo indicador rígido cutuca com força a grande pança do tonto e sussurrou mais áspero:

- Porque todos já pagaram! Vai, vai! É sua vez e pronto, daí! Não tem papo é pagar e pronto, daí!

Óbvio, o velho ouve tudo isso e faz de conta que não ouve. Com os rapazes pagando a bebida, ele poderia estender seus pilas em outras meinhas. Seus pilas economizados poderiam ser gastos no café da manhã em uma cuca de doce de leite vendida na antiga e única padaria da vila, *"O café na vila, sempre saboroso!"*. É esperto! Velhos, em grande maioria, são espertos! Velhos ouvem, fazem de conta que não ouviram e quando necessário ou por conveniência retomam o dito não ouvido, no entanto, ouvido.

"Piazada[ix] tonta, desesperados por aventuras, pagam e não precisavam pagar" debocha o velho caolho quase rindo. Qualquer um ali proporciona atenção pelo fato de receber atenção. O tonto vai até o balcão para pegar e pagar a meinha.

Deitado sobre o balcão de atendimento, o dono da bodega está de tal forma com seu corpo posicionado entre as garrafas e copos que para servir mais um copo com meia dose de pinga não precisa levantar, ao atender o pedido, o tonto entregou com pesar uma parte de seus pilas, pilas com valor de mangos para ele e todos os demais ali presentes.

O bodegueiro recebe os pilas, em seguida deposita no bolso da sua camisa, pega um copinho sujo – sujo mesmo, outro havia acabado de beber ali e faz pouco tempo – coloca um pingo da pinga a ser servida dentro do copinho e balança de um lado e de outro, joga no chão o resto do seu rito de suposta limpeza. Faz tudo deitado. Serve a meia dose e volta a cochilar.

O tonto ficou olhando com asco a cena e imaginou que, para ter tanta preguiça, o dono da bodega deveria ter uma centena de vermes dançando na enorme pança visivelmente maior que a sua.

"Talvez um milheiro."

Leva a meinha para o Capiroto, esse, vira o copinho em um só gole. O assunto interrompido volta à tona na lentidão e desalento próprio dos viventes falantes do vilarejo.

- Diga! Diga para nós o que é preciso para o Pombero garantir uma noite de farra, daí! - perguntou o rapaz que havia persuadido o tonto a pagar a meinha.

- Uma noitada com fumo, bebida e mulher...é isso que vocês querem, isso é a farra! Uma noitada! - Completou o velho.

Todos riram, e nisso, um dos frequentadores da bodega, levanta a cabeça da mesa, acende um palheiro e demonstra interesse no assunto. Esse, praticamente com a mesma idade que o velho caolho, tinge os cabelos com um pigmento por ele mesmo feito, o resultado é tão esquisito quanto a sua exagerada magreza. Sendo tão magro e tão magro em seu magro corpo, muitos diziam para ter cuidado e não fumar os próprios dedos ao confundir com palheiros. Seu apelido é Bordoada. Com a aparência frágil, raquítica, até mesmo esquelética, todavia quando posto irritado ou injustiçado, demostra tremenda fúria e violência.

- Está levando essa piazada para encontro com o próprio fim. O inferno está logo ali, daí! - ironizou Bordoada, dirigindo-se para o amigo de longa data.

- A escolha é deles, eu apenas estou dizendo o que uma vez disseram para nós. - Retrucou o Capiroto rindo. - Cada um deles deve escolher se quer ou não a ajuda do Pomberito. O encontro com o próprio fim, se será mais cedo ou mais tarde, depende deles, não de mim. E o fim sempre chega, com ou sem o Pomberito, daí.

Quando fala sobre o Pombero, o Capiroto faz uma saudação com o copo de pinga na mão, no caso vazio, para algum canto escuro. É inevitável ficar sem direcionar a atenção para o sentido da saudação. No íntimo de cada qual, os rapazes sabem da invocação do Pombero, ouviram quando eram mais novos, nunca em casa, sempre na rua, no entanto, agora, na busca da experimentação de um corpo distanciado que não é mais o pueril, eles querem os detalhes de toda a articulação necessária para lidar com o senhor da noite. Sobre o assunto buscado, os velhos da rua, da bodega, falam abertamente; seu pais, avós e tios, jamais.

Os velhos da bodega, têm seus filhos, sobrinho e até netos, para esses nada falam sobre Pombero.

Não é um assunto da habitação.

É um assunto da rua.

- O senhor da noite é astuto! Nunca esqueçam disso, vocês só serão mais espertos que o Pomberito se admitirem que ele é mais espero que vocês! Não tentem confrontar! Estejam certos...se desafiarem poderão pagar caro, daí. - Alertou o Capiroto.

- E se ele for desafiado? - questionou um dos rapazes.

Um terceiro, em silêncio até então, se manifestou com uma voz sonora e firme:

- Agarrem-se ao Santo Terço.

Com tal manifestação um quarto velhinho, pequeno e humilde, acordou e fez o sinal da Santa Cruz. Os rapazes e os velhos seguiram o sagrado gesto. Chamam o velhinho de Bugrinho. Dizem que seria Santo se não tivesse tantos vícios.

O velho com a voz sonora é obscuro. É muito amigo e dócil com todos do vilarejo, no entanto vive isolado e pouco fala. Ele levantou com muita e muita dificuldade, vai se arrastando para pagar a sua conta. Após os benzimentos, o silêncio foi quebrado com a continuação do Capiroto:

- Claro, daí! E se preciso o Santo Terço três vezes ao dia. - Seu único olho saudável está estalado para fora, demostrando grande pavor. Rezem o Santo Terço três vezes ao dia...e, se forem dignos, recorram ao Cristo Eucarístico. Todos repetem o sinal da Santa Cruz e levaram esse precioso conselho para todos os dias de suas vidas. De todos, Lino foi o único que fez o gesto mais por impulso que por devoção.

Talvez o lugar não seja apropriado para falar do sagrado, porém ao falar do profano ou mundano, o espírito latente dos religiosos e portadores de fé, mesmo dos desviados, é forte e pulsante, e, assim, faz-se necessário o caminho para a redenção.

Neste momento o velho calado e firmado na própria obscuridade que o acompanha, após pagar sua conta, despede-se dos presentes em um gesto com a cabeça. Desenrola do pulso um grande Rosário com contas de madeira feitas do tronco da erva-mate[x], sai rezando em murmúrios com passos pesados e arrastados demostrando intensa dor. Todos, no silêncio da noite, com seus olhares o acompanham até ele sumir na névoa densa e palpável da noite fria e húmida esperada de uma vila próxima de grandes rios.

A escuridão é sua companhia.

Bordoada perguntou:

- Como ele está, daí?

- Cada dia pior, daí.... - respondeu o bodegueiro - Não viu como ele arrasta o corpo para andar? Já bebeu muito chá de chapéu-de-couro[xi] e romero[xii]...até agora nada. Sofre sem parar com as dores nas juntas, daí.

- Vejam bem, rapazes...o Pombero pode ajudar, mas leva algo. - alertou o Capiroto.

- No caso do nosso amigo, Pombero foi inimigo, ele não conseguiu o que queria. - Disse Bordoada muito sério e demonstrando tristeza pelo amigo de infância.

- E o que ele queria, daí? Fez a pergunta o tonto.

- A filha do Velho Onça. - Sempre ágil, respondeu o Capiroto.

- O Pombero traz diversão, não casamento. - Concluiu o Bordoada.

Lino ouve tudo atentamente, conhece as pessoas envolvidas, afinal, nasceu e vive no vilarejo naquele período. Cada ser vivente, cada criatura fantasiada ou não, ele percebe de maneira intrínseca à sua cultura construída na via. Sua família é bem distante das crendices do vilarejo, no entanto, para ele essas crendices fazem parte de sua própria criação de mundo.

Na época, Lino estava iniciando com o tabaco. Gostava muito! E ainda gosta. Era algo que diferenciava ele e seus amigos dos púberes do vilarejo. Era uma escolha que ele fazia. É uma escolha feita. Uma escolha mediante uma possibilidade de representação de uma passagem.

Um rito?

Não.

Apenas um símbolo de passagem. E um símbolo representa alguma coisa. A interpretação é de cada qual.

Um ato que representava que não era mais um púbere. O ato de fumar não o tornaria homem, no entanto esse ato estabeleceria que não era mais um garoto. Os ritos são muitos na vida dos mais distintos viventes. O rito para aproveitar uma noitada seria descrito pelos velhos e repetido pelos rapazes, e, naquele período, o rito em questão rondava e firmava como mediador o Pombero.

Um rapaz, buscando firmar-se enquanto homem, invocaria o Pombero. O púbere, mesmo um dos mais violentos, não teria coragem de invoca-lo.

Nem como amigo, muito menos como inimigo.

19. Tóxico e solitário

Para Lino tudo isso é muito estranho, qual o sentido de recorrer à uma criatura e depois buscar a religiosidade para libertar-se do Pombero? Então, se realmente acreditavam em algo o melhor é não invocar, simples assim.

É seu direito questionar.

É seu direito duvidar.

No entanto, na primeira impossibilidade de ver uma garota ou na ansiedade de frequentar alguma farra, sua razão balança e Lino e os demais rapazes recorrerem ao Pombero. No seu íntimo, em caráter de dúvida das ofertas do Pombero, Lino pensa em ali tirar algo de vantajoso para si, se não teme, não há nada para se preocupar. Se nada existe, joga e se diverte com a realidade. Pergunta Lino para o Bordoada e o Capiroto:

— E vocês dois...já invocaram o Pombero, e hoje, rezam muito, daí?

— Se rezassem não estariam nessa bodega tomando meinhas pagas por um bando de bisonho! Berrou o dono do estabelecimento, agora acordado, sem levantar de sua cama improvisada.

Risos abafados surgem.

Os dois velhos simplesmente se entreolham e não respondem.

Mesmo sendo um ritual conhecido, os velhos fazem questão de discursar sobre o assunto. Quase todo menino e quase nenhuma menina sabe invocar o Pombero. Meninos sabem, no entanto, não ousam invocar o Pombero, afinal, se incomodassem o Pombero, Jasy Jaterê[xiii] os levaria embora mesmo se respeitassem a sesta! Os rapazes, cresceram ouvindo, muitos ansiavam o dia para a primeira invocação, essa, iria ao encontro de uma noite de aventuras. Ao se tornar amigo do Pombero, é sinal que, não sendo mais crianças, estão livres das importunações de Jasy Jaterê.

Amigo de Pombero?

É um querer, não é um poder. A libertação de Jasy Jaterê no encontro com o Pombero, uma libertação fadada ao encontro com a própria clausura.

Livres das importunações de Jasy Jaterê e presos nas importunações de Pombero. O símbolo mudou, talvez o sentido permaneça, mas isso, isso é interpretação de cada um. O fato preside na alternância de importunações e não em liberdade.

Pombero ora é amigo, ora é inimigo. Os rapazes ouvem atentos sobre o primeiro passo na tentativa de amizade com o Pombero, deve ser estabelecido durante o início da noite que se deseja sair. É preciso encontrar uma embaúba[xiv] afastada dos viventes.

Embaúba é uma árvore longa de tronco leve e oco; geralmente se desenvolve em lugar onde antes havia mata fechada que por um motivo ou outro foi destruída, não é difícil de encontrar. De rápido crescimento nos terrenos baldios, as avós enviam seus netos para coletarem as folhas para consumirem enquanto chás[xv]. A comida gorda poderia ser ingerida e o chá da folha de embaúba ajudaria a eliminar a gordura e seus possíveis males. Ajudar não reflete em concretizar o esperado. Na embaúba, geralmente são encontradas muitas formigas ao seu redor. Após encontrar a embaúba, a oferta para o Pombero será feita, é necessário levar um copinho com pinga e um cigarrinho aceso, colocá-los na terra junto ao tronco, após isso, o invocador deve matar as formigas ou com uma faca acertar a embaúba e dizer em voz alta:

— *Karaí pyhare*[xvi]*! Karaí pyhare!*

Karaí pyhare quer dizer senhor da noite na língua dos povos antigos, é um dos nomes do Pombero que fica irado quando alguém ataca uma árvore ou algum animal da mata, em defesa desses, corre em auxílio. De todas as árvores a embaúba é a sua preferida, o sabor de seus pequenos frutos o agrada muito. Ao gritar "*Karaí pyhare*" e matar as frequentes formigas na embaúba, essa sendo atacada, é uma forma fácil, durante a noite, de atrair o Pombero.

Sempre durante a noite. Sempre.

Fauna e flora agredidas, despertam a ira do Karaí pyhare!

No entanto, a fúria desaparece no momento do encontro do Pombero com a pinga e o fumo ofertados. Ali, defronte com a oferta e seus vícios, ele não compreende se o vivente que o chamou é seu amigo ou seu inimigo.

Na dúvida, o perseguirá.

Irá espiar.

Na dúvida, ora ofertará, ora retirará.

O vício de Pombero é a sua clausura.

A clausura do viciado é o próprio vício. O viciado retém as chaves do próprio claustro.

Pombero não persegue apenas uma noite - nas histórias de muitos, e principalmente dos velhos na bodega - *Karaí pyhare* perseguirá até o final da vida aquele que uma vez o invocou!

A libertação é para poucos. Pouquíssimos!

Os velhos relatam com detalhes como a invocação precisa ser feita.

— E depois da invocação? Depois que terminar de fazer e colocar lá a oferta? O que fazer, daí? – ansioso perguntou o tonto.

— Fica lá esperando com uma cuia de mate quente e fala da vida da tua mãe para o Pombero, daí. – Ruminou o dono da bodega, desencadeando gargalhadas convulsivas nos demais presentes.

Após muitas gargalhadas continuaram os velhos

a sanar a ansiedade dos rapazes. Na agilidade de costume, disse o Capiroto:

- Vá para casa, faça a barba se você a tiver. Coloque uma bonita roupa, use um bom perfume e espere. Lustre o sapato! O Pomberito irá agir.

Cada um dos rapazes imagina e fantasia uma aventura. Imaginam e fantasiam inúmeras aventuras. As garotas que ficam no outro lado do rio, representam um desafio excitante, elas são as mais desejadas. É uma conquista perigosa! Os rapazes de lá são hostis e não estão dispostos a perderem o terreno deles. A aventura vale o risco. Ir ao encontro do que há no outro lado do rio é enfrentar um desafio imposto entre os rapazes no vilarejo.

A curiosidade move o homem, o desafio e a aventura também.

O rito mundano, desperta a curiosidade, essa nunca está em um lugar fixo, sempre está em outro lugar, quando encontra o objeto almejado - antes desconhecido - migra com grande velocidade para outro canto e outro alvo.

Nos cantos escuros, os velhos que na juventude invocaram o Pombero, agora olham desconfiados. Ali, no canto escuro da bodega, ou mais adiante em um beco, pode estar o Pombero em uma de suas duas faces: o amigo ou o inimigo.

Enquanto amigo ou inimigo o Pombero também perdido fica em sua busca, em sua relação com os viventes, entra em conflito: sendo quem agrediu a planta ou um animal a mesma pessoa a ofertar pinga e cigarro, ora queria agradar, agradando facilita o caminho para sair de casa rumo a uma noite de farra, ora, ao lembrar dos ataques cometidos contra seus protegidos, busca agredir retirando algo de valioso. As vezes recebe ofertas de alguém querendo agradecer pela noite vivida e durante sete dias, até mesmo trinta, aos pés da mesma embaúba atacada, é oferecido um copinho de pinga e um pouco de fumo, quando muito uma garrafa de pinga e um maço de cigarros, nesses casos, Pombero fica tão apegado à pessoa que começava a exigir mais e mais, simplesmente para ter essa pessoa o rondado. Pombero continuaria sendo ora amigo, ora inimigo. Pombero firma a própria clausura.

O Pombero é ciumento.

É vil, traiçoeiro, ganancioso.

Oferta e retira, sempre brinca com todos.

Quem nutre o vício de quem?

Alguém pode nutrir os vícios de outrem, todavia cabe a cada qual a libertação. Tudo isso dito sobre o Pombero, e foi dito, pode ser real. Ou poderia não ser real. Fazendo parte do imaginário ou não, cabe a cada qual a percepção, a interpretação, a compreensão. O crer e o não crer. Os pobres velhos da bodega acreditam tanto nessa construção de realidade que quase sempre atribuem as misérias pessoais na personificação do Pombero.

Pombero pode ser amigo.

Pombero pode ser inimigo.

Cada qual cria o seu mundo.

Longe de terminar as histórias das relações conturbadas e infernais com o Pombero, o Capiroto continua a dar detalhes tornando real e quase necessária a existência desse mito presente dentre os moradores do vilarejo.

— Não é uma lenda, daí! — gritou um velho, recém-chegado, bêbado e rouco, ao perceber que alguns jovens ouvem desconfiados as histórias do Capiroto.

— Mas Pombero é um mito ou uma lenda, daí? Questionou um dos rapazes.

— Ambos são a mesma coisa, sua anta! — retrucou com desdém outro rapaz.

— Até onde sei — disse Lino — lenda é quando alguém tenta explicar de forma oral alguma coisa que não compreende por meio de algo sobrenatural, o mito também, mas com caráter simbólico e...

— Falou a anta maior, daí! — sem entender, interrompe o terceiro rapaz e todos caíram na gargalhada.

— Se o Pombero é mito ou é lenda eu não sei. E nem sei a diferença disso! — Diz o Capiroto em tom sério e imperativo, quase tempestuoso.

Levanta de sua cadeira e gesticula pausadamente apontando para diversos lugares enquanto continua seu discurso. – O que eu sei é que o Pombero trará rápido aquilo que você pedir e arrancará algo mais rápido ainda! Vejam os que estão aqui! Todos consomem a si mesmos pelas próprias misérias. Um chora pelo abandono da mulher e se esquece que batia nela quando ficava bêbado da pinga ofertada pelo Pombero; outro reclama e diz ser injustiçado por ter perdido o emprego e estar desempregado, todavia esquece que tosse igual a um cão por causa do cigarro trazido pelo Pombero. E o filho daquele homem feio ali na esquina? Pode ser errado e é errado falar de um pobre pai que perdeu o filho de forma trágica, porém todos sabem que o finado rapaz aprontava todas as noites e tinha grande amizade com o Pomberito. No caso, a inimizade foi maior...

O homem que está na esquina, em uma parada coletiva que é vista da bodega, trabalha durante à noite, perdeu o filho de forma trágica. Nunca ninguém viu ele faltar um único dia no trabalho, nem mesmo na noite do velório ou do enterro do próprio filho. É dedicado e pouco se envolve com os demais do vilarejo. Nunca pisou em uma bodega. Os rapazes olharam para o pai de filho morto, todos ali conheciam o finado. A dor é estampada no homem feio, a dor mesclada com sua natural feiura e silêncio o tornam enclausurado em mundo distante e agonizante. Ele espera a última condução coletiva da noite para ir ao seu labor. Lino retomou a conversa, não queria que o homem feio percebesse que todos olham para ele.

– Mas você chega a chamar o Pombero de Pomberito.... devem ser muito amigos. – comentou com seriedade.

O silêncio foi brutal e todos o olharam nesse momento. Lino se encolhe no banco que está sentado. O velho caolho não diz nada. Engoliu a própria saliva e senta no lugar que estava sentado. Pede mais uma meinha, o bodegueiro, serviu da mesma maneira, obrigando, sem falar nada ou fazer algum movimento, o próprio freguês levantar e buscar a bebida. O Capiroto vai buscar, acende um palheiro e volta a ficar sentado.

Agora, sentado em silêncio.

Os segredos de um homem o fazem cair em um abismo. O forte e corajoso Capiroto mostra sua fraqueza e medo.

O frio é imenso.

Ao sentar e demonstrar suas preocupações mediante uma amizade e inimizade, o tremor mediante a noite gelada é superado pelo temor de sua alma.

Tremor e temor.

O frio que toca o corpo não supera o frio que traspassa a gélida temperatura causada pela interferência do sobrenatural. Com exceção de um ou outro vileiro[xvii] e Lino, que duvidam de muita coisa, o sobrenatural faz parte, na cotidianidade da maioria dos habitantes do vilarejo. Uma vila de habitantes falantes, ali o sobrenatural faz parte do natural.

Em uma realidade fantástica, entre as buscas do mundo, criando o próprio mundo, Lino naquele mesmo ano de noites de buscas e descobertas, estava esperançoso, junto com seus amigos e os velhos da bodega. No Grande Sufrágio daquele ano havia um postulante ao cargo de Regente Máximo que poderia trazer esperança para muitos.

Lino depositaria pela primeira vez seu compromisso em um postulante ao cargo máximo da Regência. O postulante escolhido é da Ala Sinistra, com grandes chances de vencer! O postulante estava engajado e prometia e mudança. Os sinistros mais suaves estavam no comando da Regência, a suavidade deles, não parecia o suficiente, para Lino, não era o suficiente. Sobre o escolhido de Lino, naquele ano, ele venceria. Em pouco tempo proclamou tudo o que negou e negou tudo o que proclamou. No seu período de regência, engolirá a esperança por pura maldade. Proclamará uma mudança maléfica e doentia, a pobreza e ignorância. Será a própria besta no comando e escolhendo para os demais. Uma besta faminta que irá devorar tudo o que puder. Esse Regente Máximo da Ala Sinistra, muitos ciclos solares após o auge, estará na amargura, se retorcendo no próprio veneno em um lodo tóxico e solitário na sua clausura.

Tal criatura, hoje, está enjaulada.

Foi uma grande decepção para muitos e muitos. Se isso fosse cogitado naquela noite, seria algo surreal e fantasioso. Quase todos ali da bodega, estavam acreditando nele com a ingenuidade de pessoas boas que buscam o bem. A realidade e fantasia se confundem. Em forma, em maneiras, o velho Regente Máximo representante da Ala Sinistra, agora enjaulado, muito se parece com o Pombero.

Os sinistros mais suaves abriram espaço para sinistros radicais. Antes os integrantes sinistros almejavam a perpetuação do poder, hoje, acovardados, agonizam por dentro e lutam de forma vil e covarde contra a extinção da Ala Sinistra.

Pombero mantém os vícios, mantém seus vícios. Enjaulado e na clausura dos seus vícios, o antigo Regente Máximo da Regência dono da Ala Sinistra, em abandono está enjaulado na mesma terra que serve de chão para a embaúba de Pombero, e, principalmente na terra que serve de chão para Lino e os viventes do seu vilarejo, dos feitores e os imponentes pinheirais.

.

20. Milonga de um anjo

Os imponentes pinheiros também são chamados de araucárias, rangem seus galhos no prenúncio de uma desgraça para os viventes. Nem todo rangido professa a desgraça.

Sábios conseguem ouvir o sinal.

E no sinal o anúncio da ascensão da Ala Sinistra, em sua face radical, para comando da Regência e subdivisões. No entanto, naquele tempo, os viventes da pequena vila estavam com escamas de peixes em seus olhos mediante o momento do ato de depositar o comprometimento. Estavam empolgados com o postulante representante da Ala Sinistra. Naquele ano ele venceu. E, sob efeito o efeito da voz da mentira, os viventes nele acreditavam. Mesmo com os prenúncios.

Na bodega, todos se assustam com os sinais ofertados pelas araucárias. Poucos compreendem o sentido. O Bugrinho repleto da humildade e simplicidade de sua sabedoria, olhou com espanto e disse:

— Muitos estão enganados com os sinistros...tempos de divisão e sombras estão por vir...

Provinda a fala de quem falou, os demais apenas ouvem. Após um tempo, alguém comenta da semelhança do postulante e dono da Ala Sinistra com o Pombero, ambos aparentam ser amigos. Na tentativa de distanciar o clima tenso provocado pelo prenúncio, os velhos e os rapazes zombam da feiura de ambos.

Conhecendo Pombero, seriam ora amigos, ora inimigos. Os vícios, tanto um quanto o outro carregam com eles e eles não negam. Os vícios rançosos dos velhos e os recém adquiridos pelos rapazes, os mantém na bodega da gélida noite.

O frio toca o corpo e as extremidades são as mais atingidas.

O frio, em grande intensidade, mantém os viventes do vilarejo em suas moradas. O homem feio, indo ao seu labor, embarcou na última condução coletiva da noite. Com a última condução coletiva, o sinal da desolação é reinante.

A desolação é tão presente quanto a névoa que se apodera com intensidade da pequena vila. O falatório do vilarejo está firmado durante aquela madrugada na bodega. Apenas ali. Talvez os únicos acordados. Na escuridão gelada e húmida, típica do inverno do vilarejo do povo falante, os velhos e rapazes, buscam na bodega um local de encontro quando os demais já estão recolhidos. O vilarejo fica próximo de dois rios, um grande e outro menor, é cercado de densa mata. Nesse período do ciclo solar, a neblina é logo formada no início da noite, é densa ao ponto de impedir qualquer um enxergar a poucos passos a sua frente.

A neblina nunca está ali, ela está sempre aqui: na frente dos olhos.

Os rapazes, com poucos pilas, estão com os velhos na bodega, o dia seguinte será o último dia útil da semana e tudo o que eles querem é diversão. Não havendo mangos para duas noites seguidas, obrigados a elegerem uma delas, resta ficar ali, para uns é uma tormenta e vale o fato de ficar perto dos amigos, para outros, é um lugar de beber muito e pagar pouco. Um ou outro ainda prefere estar ali ao invés de estar em sua morada. Esses últimos, buscam fugir dos pais agressivos ou da grande miséria.

Para o Lino, ali é um lugar de compreender a sentença de muitos, inclusive a sua. Essa busca é aparentemente inútil, não compreende.

Os intervalos de silêncio são frequentes.

Mais um momento de silêncio é evocado na bodega amarelada em sua decadência, encardida em sua tristeza, fornecedora do local próprio para aquelas almas mortas. Viventes consumidos em cada respiração: na decadência do corpo, do labor, do lavor.

Da família, da vida.

O encontro dos presentes justifica a permanência dos desraigados da fé e os esquecidos por muitos.

Ali, eles brindam a escuridão.

Brindavam também o Pombero - ou Pomberito - pelos poucos momentos de euforia e aventuras proporcionadas.

- E o pobre Sarta Moita? - lembra o Bordoada do velho e cansado demônio que povoa o vilarejo.

- Pobre Sarta Moita! Exclamou o Capiroto.

Os espíritos, entes, demônios do vilarejo são trados por seus nomes ou apelidos. A familiaridade os torna presentes na realidade morosa e lenta da vila distante e quase esquecida. Quase. Esse relato, não a torna esquecida.

Na solidão partilhada por cada qual, na solidão coletiva na bodega, se é que uma solidão pode ser coletiva, emerge o Sarta Moita. Esse velho e de certa forma inofensivo demônio, firma o espírito do vilarejo. De uma forma ou outra por ali está, é percebido e sempre escapa de todos. Não é molestado e não molesta ninguém. Apenas ronda aqui e ali, lá e mais adiante também. Sempre rondando os arredores, sempre.

Nos últimos suspiros da bodega, o velho de voz rouca coloca em seu joelho um antigo bandoneón e em suspiros, nota após nota, todas longas e distintas, iniciou uma triste milonga. A milonga de um anjo, caído ou não, o seu desespero é anunciado ali.

Com algum ânimo, outro velho, mostra que sua

alma não está tão morta assim, pegou um violão e tenta acompanhar o amigo.

Consegue.

Cada nota é mais longa que a outra, o sentido de tom é expressão figurada do local.

O violão é evocado em dedilhadas e o bandoneón em respiros. Respiros da triste e gélida madrugada.

Lino inspirou.

Lino espirou.

A milonga triste é a milonga do local.

Cada nota está em sintonia com um pedaço dos velhos no abandono e no vigor de ter sido. Cada nota é o prenuncio dos pedaços que serão perdidos pelos rapazes no abandono de suas vidas. O sopro do bandoneón é o sopro falido de cada um.

O Sarta Moita, sem deixar que ninguém o veja, está encolhido fora da bodega ouvindo a música emanada na dor na solidão. O pobre e perdido demônio chorou.

Na bodega, o Capiroto acompanhou o bandoneón e o violão com compassos estruturado em batidas de suas mãos na caixa de madeira que está sentado. Para completar, Bordoada, mesmo com a voz muito feia, entoou a canção da milonga triste. A feiura do interprete e sua voz são proporcionais à grande beleza da canção entoada. Um espetáculo ao ponto de fazer todos os rapazes contemplarem em silêncio.

Existe alguém.

Essa é a mensagem.

Se esse alguém sou eu ou é você, não cabe a mim, todavia, somente a você interpretar.

Enquanto canta, uma gota de lágrima brota em um dos olhos do Bordoada e escorre na sua enrugada e sofrida face.

Ele canta a sua própria vida.

Na rua, no velar e desvelar da neblina, o velho obscuro com seu Santo Rosário na mão volta de onde tinha ido. O Bugrinho, mesmo sem o ver ou ouvir, uma vez que estava dormindo, acorda e vai pagar sua conta, o Capiroto fez sinal que a pagaria. O Bugrinho sorri e tonto pela bebida ou pela sonolência vai ao encontro do amigo velho obscuro.

Um não chamou o outro.

De alguma forma eles entendem de um além-mundo. Na linguagem própria, se comunicam por vias ocultas, que, para eles não são ocultas.

"Seria sobre algo que o Bugrinho disse dos sinistros?" assustou-se Lino em seus pensamentos.

Os dois na via, ficam parados olhando e ouvindo os amigos entoando a triste melodia. O Bugrinho desenrola seu Rosário de contas de madeira de erva-mate dedicado à Nossa Senhora de Caacupé[xviii] e junto com o velho amigo some na densa e turva névoa murmurando suas rezas. Se o filho do demônio por ali ronda, nem um e nem outro comentam. Os rapazes, assustados, apenas se entreolham.

A milonga triste prossegue o pesar e a melancolia são os guias dos interpretes perdidos nas fraquezas e fracassos. A beleza absorve quem ouve a música, não tem sentido de ser. A beleza emerge em um mundo, na milonga, no vilarejo. Em cada um dos viventes.

Na milonga triste, uma canção sem letra.

Um lugar esquecido.

Uma vila distante da luz da razão. Nela, compassos são formados em uma realidade obscura de um mundo criado por tons.

21. Sombria realidade

Uma década e pouco mais após a noite na bodega, Lino pode ver todos os seus amigos, aos poucos, seguirem o mesmo rumo dos velhos. Antes, nas sentenças abominadas, agora o encaminhamento para o desaguar do reflexo no espelho e na alma lentamente consumidos.

Uma sentença impregnada em Lino e seus amigos, no entanto, ele, até o momento, luta em entregar-se.

Luta em entregar-se, porém entrega-se.

A luta existe, todavia, é uma luta tímida e frágil. Quando tenta lutar com mais força acabava se entregando, mesmo assim, com o pequenino e falido esforço, a luta já é uma luta. Em contrapartida, por meio de mortes, doenças, falências, desilusões, os mesmos rapazes do antigo grupo, firmam um a um a aceitação da própria sentença.

A morte os toca lentamente.

Um por um, com ou sem interferência do Pombero, aceitam as imposições do mundo. As imposições do mundo pressionam cada qual, em fuga de si, a desistir dos seus sonhos, mediante a fraqueza. Falidos no projeto daquilo um dia ansiaram, a morte em doses homeopáticas é a lentidão consumindo a alma de cada um.

Um por um dos amigos de Lino, consumiu a si no sonho desistido de ser sonhado.

É inacreditável o passado mágico.

É inacreditável o presente insano.

É inacreditável o futuro desolador.

Três firmados em um: o tempo.

Três fatores temporais em unidade. Três faces em um corpo temporal estruturado em vidas. E as vidas, firmadas no encontro com a morte.

Tais lampejos e lembranças no vigor de ter sido, em Lino emergem mediante a exaustão de um corpo entre o estar acordado e dormindo. Se sonhou ou recordou, a distinção jamais concluiria. As lembranças são esculpidas em seu corpo e agora precisam ser lapidadas. Haverá tempo? Esse é o problema.

Na atualização de seu tempo, a conversa com os velhos na bodega, surge como tormento. Está entrando em um dia que, para Lino, já estrutura uma terceira parte. Deitado em seu leito, entre adormecer e o despertar, ainda fervilha no passado: no passado de um passado longínquo, de um passado separado por partes de um dia. No passado que não mais no passado, articula a atualização no presente.

O foi não é mais, o foi está sendo.

Duas noites em períodos distintos, ambas já fazem parte do passado, tanto em uma noite quanto em outra, os pensamentos são tão vivos que o passado mais distante se funde nos eventos da noite anterior do passado mais recente.

Completavam-se?

Sim.

Fundem-se.

Tudo faz parte em um todo. O todo de si, a criação de seu mundo, a síntese em seu corpo. Apenas um mundo.

Apenas o seu mundo.

Mesmos pesos.

A relatividade temporal é turva em sua tentativa de objetividade.

Lino em seu turvo sono desejou Bela e o seu

toque. Um instante de prazer é real no corpo que ainda está sobre o efeito do alívio por ela proporcionado. Bela foi uma das muitas buscas.

A noite na bodega, a imagem do homem feio e pai de filho morto, o Bugrinho e o velho obscuro em uma sombria realidade e desaparecendo na névoa, o atormentam. Todavia nada o atormenta mais que a sua ignorância mediante a sua turva escolha, de outro tempo, em ter depositado seu compromisso nos sinistros e ter tido esperança nas falas de seus postulantes.

"No ranger das araucárias, naquela distante e gélida noite, o Bugrinho previu algo?" Jamais saberia a resposta. O humilde bugrinho já havia encontrado a última possibilidade. Agora ali, quase apagado, Lino confunde o enjaulado velho Regente Máximo da Regência representante e dono da Ala Sinistra com próprio Pombero.

Em ambas as noites, nos dois lapsos temporais, Pombero firma seu lugar enquanto *Karaí pyhare*. Uma sombria realidade em unidade.

Lino dormiu.

22. A escuridão é a sua companhia

Após um tenso e confuso sono, ao acordar, Lino está paralisado no seu leito.

Abre os olhos e ali permanece.

Ir ao banheiro, mesmo mediante a necessidade, não faz sentido, por ele, tudo seria feito ali mesmo.

"Ânimo, ânimo, ânimo. Onde está?"

No próprio corpo do cheiro do suor brota um fluído expelindo álcool e fumo consumidos. Vê uma barata. A acompanha seu percurso apenas movimentando seus olhos. Ela vasculhou um lado, vasculhou outro. Suas antenas estabelecem uma relação com o local. Lino não.

A raiz está ali, entrando em seu casulo.

Um animal, um vegetal.

Sem os cuidados do Lino, em pouco tempo tudo seria invadido por vegetais e animais. Pelo tempo, pela decadência. Seja o casulo, seja o seu corpo.

O cuidado é necessário para afugentar a decadência. Se não agisse no mundo, ali finaria. Lino fixa o próprio corpo em sua mortalha. O desejo do fim retorna e é mais intenso que o desejo de vida. As consequências do pós vida, estão muito mais firmadas nos olhares dos outros que a sua possível consequência.

Seu pai teria a expressão de horror do homem feio que perdeu o filho?

Rumina a triste realidade do pai de filho morto. Conheceu o rapaz, e, não poderia ter imaginado um fim diferente. O seu próprio fim também pode ser imaginado. A escolha de permanecer imóvel em seu leito é real, no entanto, seu corpo, seu mundo, clamam por uma atuação. O calor o faz transpirar mais e mais. Dias quentes, noites frias.

O Sol está em seu ponto máximo.

A chuva da noite anterior não teve efeito sentido. Lambeu o chão, não mais. O clima seco estava retornando. A água caída do céu evaporou, evaporam agora os fluídos do Lino. Sente o último cheiro de Bela ainda preso ao seu corpo. Buscou um pouco mais e nada encontrou. Logo o último vestígio da fêmea evaporou com o calor solar consumidor de humidade.

Foi-se o último vestígio da Bela impregnado no Lino.

"Suportaríamos um ao outro?"

Certamente não.

E a certeza poderia ser firmada mediante o pouco interesse demonstrado em manterem algum contato. Ambos anteciparam a possibilidade da coexistência infernal.

No caminho do inferno existencial, Lino firma em seu casulo o seu próprio purgatório. Mesmo com o banho, a expulsão dos excessos por meio da atividade corpórea demonstra que está vivo.

Lino fede.

Fede da ebriedade.

Fede do tabaco.

Fede em seus fluídos.

Lino está cristalizado em seu leito.

O Sol começa a morrer e Lino deseja seguir o mesmo caminho. Passou deitado desde o momento que ali se lançou. O vazio de si é mais forte que qualquer pulso corpóreo, mesmo os básicos.

Ele é o seu próprio inimigo.

Lino está abandonado a si.

Lino está abandonando a si.

O seu próprio consumo é lento, pedaço por pedaço de sua carne são devorados por ele mesmo. Ali, em seu casulo, quer estar. Ali em sua clausura anseia sua mortalha. De sua própria carne é alimentado.

Alimento não temperado, alimento não desejado.

Alimento indigesto.

Alimento consumido na passividade perante a vida. Não pode escapar de si. Atado na própria existência, seus berros recaem no local onde ninguém pode ouvir.

Lançado em um mundo sem o seu consentimento, suporta a realidade como uma sequência de momentos interruptos.

Suporta.

O interrupto pode ser interrompido, porém, em sua vivência nem o sono rompe com uma realidade contínua e desejosa de sentido. Sentido não encontrado. Sem encontro, o nada é o firmamento.

Poderia romper com tudo?

Poderia.

No entanto, não é o momento.

"Não é o momento..."

No momento, Lino habita o próprio corpo. Seu corpo antes cristalizado, agora está solúvel, perdido, abandonado no seu casulo. Um corpo líquido, permeando o mundo. O desejo violento de ir ao banheiro modificou o corpo cristalizado para um corpo solúvel, líquido ao meio, entregue aos pulsos, entregue às vontades.

Inspirou.

Espirou.

Nada.

Inspirou e espirou. Continuou ocupado com este exercício. Exercício vital.

É capaz de não escolher em inspirar ou espirar?

A resposta é sua.

A interpretação é sua.

Sempre e sempre sua.

Sempre.

Procura com os olhos a barata e não encontra.

Com a luz solar indo embora, procura a raiz invasora e também não encontra.

A escuridão ali se faz senhora.

Procura a si e não encontra.

Só.

Está só.

Arrasta-se para o banheiro e ali tenta se reestabelecer.

Olha no espelho.

Nada vê.

Inspirou.

Espirou.

Olha novamente e nada encontra.

Acende um cigarro e a escuridão da noite será a sua companhia. Agora na sua respiração algo forma: sua inspiração firma o fogo e a espiração a fumaça. A única luz do local provém do cigarro aceso. Fumar é proporcionar forma ao ar expelido. O sentido da expiração agora está em lançar a fumaça. Antes disso, o sentido da inspiração é estabelecido ao manter o fogo do cigarro aceso. No fim do cigarro, tudo passará. O desprovimento de sentido novamente reinará.

Mas até quando?

A escuridão da noite toca a sua alma.

É a parte escura do feriado desconhecido.

Desconhecido, pois para Lino, o feriado não tem sentido.

Algo tem sentido?

23. Indefensável

A ausência de sentido foi escavada no seu próprio vazio. Lino passou um dia após o outro tateando com angústia da própria realidade. Apenas saiu de seu casulo para voltar na rotina do labor. No início da semana pode rever seus companheiros. As mesmas faces, as mesmas queixas, o mesmo local, os mesmos ritos.

A mesma encenação.

Falou o que queriam ouvir.

Andou como queriam que ele andasse.

Inspirou.

Espirou.

Esse ato pausado de introspecção, ofendeu um companheiro de labor. Esse laborador interpretou a respiração pausada de Lino como um desdém, pois naquele exato momento ele estava comentando sobre os motivos para não votar no postulante contraditor. Após o escândalo provocado pelo ofendido, e, mal-estar causado entre os companheiros, Lino evitou inspirar e espirar como queria. Passou a inspirar e espirar como queriam que ele inspirasse e espirasse. Lino seguiu a vida, em dia após dia, em uma dualidade do próprio dia, em sua parte clara, em sua parte escura.

Os dias são marcados, norteados e compassados pela proximidade do primeiro ato do Grande Sufrágio. O Grande Sufrágio decisivo para a alteração do regente atual, o cargo ocupado é uma fraude.

Os anteriores também.

Fraude após fraude os viventes e a Regência sobrevivem. Mesmo com inúmeras provas, evidências e questões concretas firmando as atrocidades do atual e últimos Sufrágios, ainda assim, com toda a ilegitimidade, sanguíneos grupos surgem e defendem a validade do inválido. O fervor de alguns seguidores sinistros, os converte em criaturas bizarras e guiadas por bestas medonhas. Uma vez seguindo bestas medonhas, os seguidores sinistros solidificavam a própria existência enquanto vassalos.

No momento que o fervor emana nas relações entre os viventes, a dubiedade é o combustível. Em um dia, ao voltar para morada após o seu labor, Lino observa as discussões na parada da condução coletiva. Os vassalos sinistros gritam exaltados impondo suas ideias e tentam elaborar justificativas para defender os postulantes sinistros, tudo isso é medo mediante as verdades desveladas pelos feitores.

Em condição de vassalos sinistros, repetem suas ideias e tentativas de defesas. Ideias mentirosas, defesas hipócritas.

Só pelo fato de uma narrativa buscar distorcer a verdade, já firma o fracasso nas primeiras tentativas. O defensor de um criminoso também se alimenta da miséria humana.

A história é manipulada e distorcida, a liberdade de interpretação de cada qual que porta a razão, jamais. Realidade, escolhas, responsabilidade, todas desaguando na liberdade de cada vivente. Porém, nesses tempos, a verdade é corrompida, o anuncio de castrar a liberdade dos viventes é anunciado pelos sinistros.

Sufocado estão os viventes com os urros sinistros. Lino está sufocado, seja por seu labor, seja pelas escolhas impostas pela Regência sinistra, seja pela sua existência.

Ao vir ao mundo ninguém perguntou a cor dos olhos ou pele, a altura, a família, a posição geográfica ou social que Lino gostaria. Não pode escolher e nada pode fazer sobre sua condição de vivente. Está jogado no mundo, lançado para a existência. Arrasta a sua criação de mundo, uma criação de mundo contínua e interrupta.

Está cansado.

Quer parar.

"Quero parar."

Consegue perceber a própria vida atrelada as escolhas feitas. Disso não reclama, no fundo percebe-se como responsável por suas escolhas. Sobre as questões impostas, acha patética a ideia de lamentos e lamurio desnecessário. Refletindo sobre os regentes anteriores, criaturas que proclamam suas escolhas enquanto escolhas para os demais. As consequências são atrozes. São impostas aos viventes. Os regentes, até então conhecidos por Lino, são os mesmos que atacam aquilo que cometem, e, quando cometem algo atacado, negam tudo. As escolhas individuais, estão confundidas com as entranhas das consequências das escolhas daqueles que ocupam lugares na Regência.

"E agora? Quem eu escolher para ser Regente Máximo, escolherá por mim..." em seu local de labor, tal questão, caso fosse proclamada, seria motivo para despertar fogo e fúria em seus companheiros de labor quase todos domesticados pela ideologia sinistra.

Quase todos.

O um ou outro que não pensa de acordo com as imposições da ideologia sinistra, ou mantém o silêncio, ou em cochichos se pronuncia. Tempos difíceis, o ato de questionar é condenável.

Em meio às suas funções laborais, Lino descobriu que o postulante contraditor esteve no limiar da vida e do fim. Agora, longe do perigo sua popularidade aumenta de uma maneira não esperada! Fica feliz por saber que aquele senhor está bem. Descobre que o ato de se alegrar pelo bem-estar de um vivente é algo condenável para alguns. Alguns, ou melhor, para os vassalos sinistros. O ato de estar feliz por alguém estar bem após uma injustiça, desperta a ira dos domesticados laboradores sinistros. Lino descobre que alguns deles haviam até mesmo comemorado o ato de selvageria.

A alegria perante um ato de selvageria, firma o espírito selvagem do alegre.

- Vocês podem não concordar com ele, no entanto ali quem foi atacado, antes de ser um postulante de uma ala diferente da nossa...ali estava um senhor. Um pai de família, um filho, um homem! - Ao dizer isso, Lino foi enxovalhado das mais brutais agressões verbais, quase físicas.

Quase.

As agressões verbais ficaram em segundo plano. Lino refletiu sobre o que ele disse *"um postulante de uma ala diferente da nossa"*. Qualquer crítica não teve tanto peso quanto a autocrítica.

Lino sentia-se parte da ala de seus companheiros de labor?

"Nossa ala? E qual seria? A Ala Sinistra quer o nosso comprometimento...parte dos nossos proventos. Quer nossa submissão..." Se um dia depositou seu comprometimento nos sinistros, isso está no passado. Disse em voz alta e se afastou dos demais:

- A Ala Sinistra quer vassalos!

Alguns se manifestaram a favor. Lino não está só. Com a manifestação o desespero dos domesticados companheiros sinistros é patológico. É senil: não defendem o postulante em quem depositarão seus compromissos, apenas sabem atacar o contraditor por meio de frases decoradas na cartilha imposta pelos membros da Ala Sinistra e seus tentáculos.

A moral turva os domina.

Nos ataques à vítima, mostram quem realmente são. O sentido de agressor e agredido está tão turvo quanto a moral sinistra.

Festejam o ato do agressor.

Festejam o agressor.

No fundo essas pessoas com moral turva sempre guardaram o rancor e ódio, agora desvelam o próprio radicalismo e intolerância antes velados. Para não serem acusados de radicais e intolerantes, acusam todo aquele que deles discordar, de radical e intolerante. O outro sendo o radical e o intolerante, da cristalização finita do rótulo do radicalismo e intolerância, tentam escapar. Os vassalos sinistros maldizem rótulos e rotulam na tentativa tosca de escapar daquilo que podem ser acusados. Sendo o outro aquilo que não querem ser, o sentido é jogado para um canto distante de si e para repousar no outro. Em pretensões turvas, lógica asquerosa e sinistra está em acusar para não ser acusado. Não há lógica, há distorções. E distorções sempre convenientes, sempre e sempre.

Lino não faz mais questão de ter algum contato com quem quer o impedir de questionar, de ser livre. Uma criatura domesticada, que impõe sua opinião repousa em uma alienação profunda e segue bestas. As bestas amam a carniça, pois dela se alimentam.

O trabalho impecável dos feitores, derruba as bestas. E mesmo a besta sendo apontada como tal, há quem não admita. Os vassalos da Ala Sinistra e seus tentáculos, não admitem que os feitores acusem e apontem o dedo para as misérias dos sinistros envolvidos em corrupções. Em tempos difíceis é tempestuoso explicar que a corrupção é o errado.

E sobre o contraditor?

O que os feitores tinham a dizer?

Nada.

Até então nada.

Mesmo assim, os sinistros mantêm o discurso de intolerância e ódio em ataques mentirosos e desqualificados na tentativa de atingirem contraditor.

O efeito é o oposto do esperado.

O contraditor cada vez mais e mais é aclamado pelos viventes. Os viventes o impulsionam, em grade parte, pelo asco perante as atrocidades cometidas ao longo das décadas pela Ala sinistra e seus tentáculos. O repúdio das gentes perante os sinistros é gigante, no entanto, eles se debatem.

Mesmo agonizando no próprio lodo fétido, e, em discordâncias internas com seus tentáculos, os mandantes da Ala Sinistra com muita soberba e veneno querem impor um postulante ao cargo de Regente Máximo.

24. O postulante benigno

Com os tentáculos revoltosos, cada um tentando se agarrar em algum lugar, A Ala Sinistra, mesmo sem apoio direto e jorrando sangue, impõe o próprio postulante. O postulante sinistro que está sendo imposto para o atual sufrágio é uma criatura débil, turva e com vida atada nas distorções imundas da própria condição e Ala Sinistra. Conforme o esperado, o postulante sinistro perante suas falhas e distorções, é cercado pelos feitores, esses, desvelam as obscuras veladuras sinistras com fatos, provas, comprovações, detalhes e mais detalhes.

Os feitores trazem para a luz da razão a corrupção encoberta.

Lino, até a pouco tempo atrás, tinha dificuldades de perceber o labor monumental dos feitores. Se recusava, pois, diluído no meio, acabava sendo guiado e distorcendo o caminho reto. Descontente com a Ala Sinistra e seus tentáculos, a tentativa de dialogar com seus companheiros de labor em busca de um postulante em comum é frustrada. A grande maioria quase surta na simples possibilidade de alguém pensar diferente do grupo.

E aquele, o seu amigo dentre os laboradores?

Lino poderia conversar com Tim sobre um postulante que não fosse da Ala Sinistra ou de seus tentáculos?

Lino tentou. Tim surtou e não teve argumentos racionais para cogitar qualquer um que não esteja ligado à Ala Sinistra e seus tentáculos. Lino desconfiava que ele estava frequentando as reuniões de um dos tentáculos mais extremistas do viés sinistro. O seu pensar já estava corroído. Aquilo que Tim pensa ser argumento, é o seu falatório de costume, frase e frases feitas, copiadas, impostas. Os ranços de Tim perante o postulante contraditor, não possuem fundamento, os ranços formam uma enxurrada de sentimentalismo descontrolado e condicionado por outrem.

Está domesticado.

Nem a possibilidade do diálogo é cogitada.

No local de labor de Lino, o diálogo está enterrado.

Percebendo em sua própria vida o grande engano, e, mediante os horrores da Ala Sinistra e seus tentáculos, grande parte desvelados pelos feitores, Lino começou a tentar observar tudo em um sentido benigno.

O benigno se opõe ao sinistro. Ali entre ambos há o cerne.

Está decidido, mediantes os horrores e brutalidade, Lino não depositará mais seu compromisso em postulantes da Ala Sinistra ou seus tentáculos. Os tentáculos são tão insignificantes que os próprios nomes de seus postulantes são perdidos e quase esquecidos.

Quase.

Só não são esquecidos, pois além de serem barulhentos, surgem, ressurgem e atacam mediante o comando e as ordens dos comandantes da Ala Sinistra. É inacreditável que muitos não estejam enjaulados! Representam perigo! Não tem sentido algum estarem soltos entre os viventes.

Mediante tudo isso, Lino analisou postulante por postulante dos tentáculos sinistros, mesmo sabendo da servidão e vassalagem à Ala Sinistra, ainda assim poderia ali em um deles haver um que pudesse proporcionar um novo rumo.

Não encontrou.

Lino havia sofrido tanta influência sinistra que, o simples ato de cogitar em depositar seu comprometimento em algum postulante de espectro distante do acostumado, é algo difícil. Havia sido doutrinado por muitos ciclos solares. Na doutrinação foi conduzido a pensar que qualquer oposição aos sinistros é algo perigoso para os viventes. O perigo para os viventes é tocado pelos sinistros. O perigo atingiu o auge na regência da Regente Máxima, criatura da Ala Sinistra que, em suas inúmeras limitações, sequer compreende a nomenclatura de Regente. Os erros, equívocos, maldades, desvios dos sinistros são expostos pelos feitores e anunciados pelo contraditor, esse, em um momento estava solitário em seus anúncios, em outro momento foi ridicularizado, agora, finalmente, tem sua voz ouvida.

Sobre os erros e crueldades dos integrantes ligados à Ala Sinistra, se fossem levantados, expostos, em uma tentativa em buscar o que é correto, haveria sempre um vassalo sinistro com uma desculpa ou distorção da realidade. Se a desculpa não fosse digesta, tentaria encontrar um culpado. O culpado seria qualquer ente animado ou inanimado que mostrasse oposição aos desejos sinistros. Por sua vez, sobre as distorções, são totalmente maleáveis de acordo com o interesse. Não prezam a lógica, não prezam a análise, apenas prezam o interesse.

Lino quer se libertar da ignorância, escuridão e dominação. Anseia em encontrar um postulante para depositar seu compromisso. Passa a analisar os postulantes do Cerne.

Os postulantes do Cerne, e ainda há um ou outro que tende para o lado sinistro, parecem bons.

Parecem.

Sempre pode estar distorcida a aparência.

Em oposição a todos os demais postulantes e

junto com multidões de viventes, o contraditor firma território. O postulante contraditor desperta convulsão após convulsão nos sinistros. A Ala Sinistra e seus tentáculos se retorcem com uma simples menção ao postulante contraditor. Ainda assim, no momento, são tantas coisas más atribuídas ao contraditor e seus entusiastas que ele está fora das cogitações de Lino.

Questões atribuídas.

Questões distorcidas.

Questões inventadas.

Até o momento, nenhuma questão comprovada.

"E os inúmeros viventes, bons e humildes que agora são entusiastas do contraditor? Estariam tão errados assim? Meus pais, minha família, amigos, a senhora humilde da condução coletiva, não são qualificados da maneira que os sinistros os qualificavam!" as reflexões e mescla de vida pública e privada começam a serem estruturadas.

O corpo pútrido da Ala Sinistra e seus tentáculos fede mais à cada momento. Cada novo avanço dos feitores, um novo horror provocado pelos sinistros é exposto, e, aos poucos está sendo escancarado o grande cancro maligno. Já desqualificada pelos distantes, os ataques, desculpas e acusações provindas da Ala Sinistra começam a ser banalizadas e caídas em questões bizarras e cômicas dentre os próximos. Muitos começam a abandonar a ideologia seguida antes por muito tempo. A luz da razão dissipa as trevas. Em grande maioria, pensavam que eram sinistros, no entanto, eram benignos e não sabiam.

Passam os dias e a mecanicidade da vida é firmada na impropriedade. Surgem inúmeros ataques contra o postulante contraditor, de todos os lados, e, mediante tudo, ele cresce na aprovação dos viventes. Arrasta e conquista multidões. Sua força é maior e maior cada dia mais e mais. Está magro, abatido pela agressão, sua tez transita entre o verde e o amarelo. É caluniado e tentam o humilhar. Atacam sua família, amigos, entusiastas.

Ele sobrevive.

Os viventes entusiastas formam a resistência.

Em cada ataque, na tentativa de destroça-lo, o contraditor emerge junto com mais e mais entusiastas o apoiando e o defendendo.

As gentes o escolheram e não contrário.

Mediante o clamor das gentes, ali ele se ergue. Força de luta.

Força dos viventes junto com o contraditor. Luta dos viventes junto com o contraditor.

Não é o contrário.

O sentido de poder mudou a direção de onde é emanado. Mediante tal força ecoada de vastos cantos, o desespero dos sinistros e dos poucos membros do Cerne aumenta.

No desespero o sinal da angústia da derrota.

Os concorrentes, prenunciam a vitória do postulante contraditor. Cada dia mais fortes, os entusiastas e o contraditor fortalecem a Ala Benigna. Lotam as vias, ruas e todos os cantos com as cores e símbolos da Regência! Expurgar a maldade é uma questão de sobrevivência.

A Ala Benigna, antes menosprezada, é a esperança para sanar a Regência. Entre escolhas, e, em escolhas para o coletivo, os viventes impulsionam o postulante contraditor dia após dia. Em um grito pela libertação das garras sinistras, os viventes benignos ecoam o clamor não de um simples contraditor, mas sim, enquanto finalmente um postulante benigno.

O contraditor agora é o benigno.

Ele pode ter erros, ele poderá cometer erros, nenhuma mente lúcida se engana disso. É condição humana ter erros e cometer erros, no entanto, o postulante benigno agredido e atacado, é o único, dentre todos os postulantes que pode se arrogar de ser proporcionador de possibilidades para um porvir com esperança e retidão para os viventes e a Regência.

O benigno é a única escolha dentre as escolhas ofertadas.

O postulante contraditor é o postulante benigno.

25. O Compromisso

Impulsionado em sua missão está o postulante benigno. Os entusiastas, portadores de um real e sincero compromisso com a Regência, lutam e sangram, pois, almejam um futuro digno e firmado no Bem.

Na simplicidade do mundo circundante, cada entusiastas faz a campanha para o benigno de acordo como pode. Mediante o ataque selvagem, o postulante benigno ainda se recupera. Uma recuperação lenta e necessária. Uma recuperação compreendida por benignos, não compreendida pelos tocados e adormecidos pela sombra da ignorância ou maldade inerente propulsora de ataques sinistros.

Ataques, ataques, ataques.

Ataques.

O heroico emerge na postura daquele que sofre mediante os ataques injustos. Os viventes, entusiastas benignos, são combatentes valorosos, partilham do heroísmo. Vivem a questão heroica. Entre os valorosos combatentes, está a família do Lino, seus amigos, sua gente. Cada qual dos benignos, dos próprios bolsos, fazem a campanha para juntos dissiparem o medo e destruição provocados pelos alienados e vassalos sinistros.

Ouve-se o brado:

- Descanse! Descanse e se recupere, postulante benigno! Venceremos por todos nós!

O *nós* faz sentido.

O eu e o você também, todavia na coletividade, na busca racional pelo convívio, o *nós* marca o direcionamento.

Cada qual dos benignos, retira de seu bolso, mangos, pilas, para ajudar a conquistar o cargo Máximo da Regência. Em oposição, os sinistros arrecadam fortunas das mais sombrias e turvas instituições e maneiras para manterem o poder, mesmo assim, o endividamento é monumental. Para sanar as dívidas seriam capazes de arrancarem as vísceras da população.

Não é um simples momento de disputa, é o momento de sobrevivência. Os benignos precisam vencer, caso contrário, não respiraram mais.

Não será a vitória de um postulante, será a vitória dos benignos.

Será a vitória pela sobrevivência.

Muitos desses entusiastas, um dia acreditaram na Ala Sinistra e não compactuaram com as distorções. Outros podem ter errado, no entanto, a redenção existe. Há ainda bons viventes que de uma forma ou outra ainda lutam contra os vários anos de alienação sinistra. Aos poucos, na humildade ou sabedoria de cada qual, é possível se distanciar e repudiar o caminho turvo e miserável traçado pelos membros de uma ideologia firmada em uma seita maligna.

A mudança é condição dos viventes.

Ao admitir o erro, um passo em direção ao acerto é conquistado. O engajamento pessoal de inúmeras gentes desperta mais e mais o ódio, ira e fúria das bestas sinistras. Para o prazer e manutenção do poder das bestas sinistras, elas querem os viventes enquanto criaturas acéfalas e domesticadas, para estarem submetidos a servidão e escravidão.

A liberdade é condição dos viventes, fato odiado pelos sinistros. Aos poucos, os que buscam o Bem, antes sinistros, acordam do sono provocado pela escuridão da ideologia maléfica da Ala Sinistra e seus tentáculos.

Muitos ainda estão dormindo ou sonolentos.

Com a luz, aquele que dorme, acorda.

Com a luz, o sonolento, desperta.

Cada um tem o seu tempo.

Não é errado acordar do sono sinistro, o errado é permanecer dormindo quando há a manipulação do sono.

Em oposição, acordados e distantes da manipulação, benignos marcham com força e lutam com coragem inúmeras gentes buscando o melhor para todos. Pensam o coletivo.

As incertezas rondam os últimos dias antes do primeiro ato do Grande Sufrágio. Há o rumor da possibilidade de fraude. Todo cuidado é necessário.

Mediante o desespero, os ataques estão intensos. Pela sobrevivência, os tentáculos sinistros instauram o canibalismo. Dentes e garras são usados na falta da razão. O sangue verte e a carne é consumida entre eles mesmos. Não conseguindo atacar o postulante benigno, os tentáculos se devoravam: dentes e carnes se fundem uns nos outros, em alguns casos, dentes e carne se fundem no próprio corpo.

A paz está distante.

As cigarras anteciparam o canto em três meses. O conflito toca o mundo. E o mundo proporciona os sinais.

O ar está palpável. Turvo, empoeirado e com algo a mais. O algo a mais é o fluído emanado do desespero das gentes.

Chega o dia do primeiro ato do Grande Sufrágio. Silêncio nas vias. A tensão de todos os lados é o anúncio de incertezas.

Lino acorda tarde e come alguma coisa. Prepara uma cuia de mate e escreve os códigos dos postulantes em um papel. Precisa depositar o seu compromisso para o Postulante ao Cargo Máximo da Regência e para outros postulantes para cargos derivantes do principal. São muitas escolhas.

Lino, agora, compreende a necessária responsabilidade mediante suas escolhas. Deve carregar o fardo escolhido.

Lino espera até o limite do permitido para o depósito do compromisso.

Está indeciso.

Está inseguro.

Muda, alterna, refaz os códigos dos postulantes. Com pesar e firmado no vazio, mediante inúmeras possibilidades, Lino elege as suas escolhas.

Lino, para o cargo Máximo da Regência, deposita seu compromisso em um postulante do Cerne.

26. A bebida exigida por Satã

Passado o primeiro ato do Grande Sufrágio a tensão é lançada para o segundo ato. A soma dos compromissos depositados no postulante benigno é quase superior à soma dos compromissos depositado no Cerne, na Ala Sinistra e seus tentáculos.

Quase.

Uma conversa aqui, outra ali, anunciam fraude. De acordo com essas conversas, o quase, que teria sido a diferença dos compromissos depositados no postulante benigno, foi desviado. Esse quase, não o permitiu a vitória no primeiro ato.

No segundo ato do Grande Sufrágio a formação da disputa ao cargo máximo da Regência será entre a Ala Benigna e a Ala Sinistra. Dentro do esperado, os candidatos dos tentáculos sinistros, repletos da essência vassala, lambem o postulante da Ala Sinistra. Alguns dos postulantes do Cerne estão perdidos com a associação de suas imagens ao lodo sinistro, para evitarem a sujeira e fedor, tentam entrar em um breve e passageiro esquecimento. O fundo do mar parece o melhor lugar para uns. A linguagem subjetiva e, como tal, proporcionadora de livre interpretação, surge com força para os postulantes derrotados que não querem algum envolvimento. A objetividade esperada do momento é desconhecida. O fato é que um grande corpo sinistro está se formando, e, em existência se retorce na ânsia da manutenção do poder e desejo do sangue benigno.

Cercado de sinistros, a convivência é terrível para Lino. A coexistência é tóxica. No momento que a fala e até mesmo os berros são substituídos por grunhidos e latidos, a comunicação é enterrada sem ser velada.

Agora em duas opções, seus companheiros de labor devem, e é esperado, que comecem a defenderem o postulante sinistro.

Isso não acontece.

Surge a vergonha.

A justificativa de optarem pelo sinistro, é firmada, e, nas limitações deles, justificadas nas negações ao benigno.

Optam por um, pois negam o outro. Sabem mais do outro do que do escolhido.

— Ele não! — é o barulho emanado por toda criatura domesticada pela ideologia da Ala Sinistra e seus tentáculos.

Qual o motivo?

Não sabem responder.

Se tentam, ora é patética a tentativa, ora é bizarra. Sabem atacar, e somente atacar.

Ataques emocionais e desconexos.

Ataques irracionais.

Ataques mentirosos.

A mentira é firmada em outra mentira para mentir um pouco mais na tentativa de desqualificar quem quer que seja. A mentira dos sinistros é fundamenta em outra mentira nas mentiras para ele, o benigno, não ser o Regente Máximo.

Lino não concorda.

Com calma passou a ouvir frase por frase polêmica atribuída ao benigno. Buscou informar-se sobre cada qual. Compreendeu o contexto e ficou espantado com as distorções sobre as falas. Pesquisou acusação por acusação, e mais uma vez ficou espantado com a deturpação. O benigno tem erros, muitos. É falho. Algumas de suas falas eram infelizes e equivocadas, no entanto, enquanto, em um todo, busca manter distância do demoníaco. A busca humana, e como humano o benigno tem suas falhas, o que o difere, é a luta contínua em busca da contemplação do Bem.

Em oposição, em proximidade demoníaca, o postulante sinistro é o reinante. Em sua hipocrisia doentia, tentou abraçar o Sagrado. Parou. Se ele e seus servos continuassem teriam sido exorcizados. Seus berros se igualam ao abate de um porco, tal espetáculo não é doce, mesmo assim, há quem o lamba.

Os feitores estão esquartejando a Ala Sinistra, seus tentáculos, o Cerne, representantes, bestas e integrantes da atual Regência e das anteriores. O fedor da carcaça é imenso. Se de um lado os feitores com a mesma origem do Lino, da terra dos pinheirais, trazem luz sobre a escuridão sinistra e aos poucos a dissipam, do outro lado, demonstram com firmeza a ausência de passos turvos por parte do benigno.

Até o momento, o postulante benigno é desprovido de qualquer acusação. Seu temperamento e lida com os demais pode não ser o esperado por muitos, no entanto, esses muitos, não podem o submeter na mesma obscuridade vivida pelos seus opositores.

Mediante os fatos, em apenas dois caminhos, Lino ainda não consegue ainda compreender-se depositando seu compromisso na Ala Benigna. Jamais havia feito isso!

Lino tem medo.

Medo de falar, medo de se posicionar. No seu labor as profecias, caso o benigno vencesse, são apocalípticas! O grande problema são os portadores da profecia. Lino, mesmo temeroso, conseguia entender, em cada caso, o sentido da escolha e sua suposta fundamentação. No demais, sempre alguém está ofendido, e, no meio dos companheiros de labor, percebe alguns enquanto ignorantes, outros adormecidos, em ambos os casos, apenas seguiam de maneira automática os sinistros. Ele, em um tempo, estava adormecido e seguiu os demais.

Agora, cala-se por medo.

Da ignorância ao medo, em ambos o toque sinistro. Lino não quer ofender os outros. Quer algo melhor, quer algo diferente, o caminho até então guiado pelos sinistros não está de acordo com o correto. O sentido de correto e incorreto são atacados, atacados não em rigor racional, todavia mediante ao interesse. Isso é nítido nas proclamações e profecias turvas. Expor isso é perigoso.

Lino sente medo.

Os ataques a sua existência seriam proclamados se expusesse os seus anseios. A sombra sinistra fere a sua existência.

Inspirou.

Espirou.

E mais uma vez inspirou e espirou.

Levou um susto!

Isso pode ofender alguém!

Tudo é ofensa! Quando não é possível justificar a ofensa a choradeira é revertida na tentativa de fazer o outro sentir culpa. Só há ofensa quando há um ofendido. Só há culpa, quando há um culpado. Mesmo não havendo ofensa ou culpa, tentam acusar, atacar, agredir, encontrar um ofensor e o culpado.

Permeando o período patológico, sorri em seu cinismo o postulante sinistro. É o próprio filho da maldade. A mentira e hipocrisia são encravadas no postulante representante da Ala Sinistra ao cargo máximo da Regência. Com aparência débil, passiva, lesada, corporifica é o protótipo de alguém para ser moldado por outra criatura.

Moldando o postulante sinistro está o velho regente que um dia ocupou o cargo de Regente Máximo. Mesmo enjaulado o velho representante sinistro manda e desmanda. Os servos obedecem.

"O Bugrinho e o velho obscuro, décadas atrás, previram esses tempos terríveis?" Lino relembrou dos velhos da bodega.

O plano sinistro de regência agride a liberdade, proclama o caos, sacrifica a vida. O velho enjaulado e o postulante sinistro estruturam juntos com os servos e alienados um contrato. O contrato, assinado com sangue demoníaco, está feito, está exposto no plano sinistro de regência. Não o lê quem não quer. Não acorda quem ainda sente o sono firmado em doses cavalares da alienação da ideologia sinistra. Entre os horrores do contrato, o sangue de inocentes é a bebida exigida por Satã.

Ao ler o plano sinistro de regência, Lino ficou aterrorizado.

Lino tremeu e temeu.

Mediante o temor e assombro de muitos, os comandantes da Ala Sinistra, mudam o contrato. Mudam em aparência, a essência ali late. Mentem mais uma vez. Na mentira, o caráter turvo, típico e esperado.

Na mentira, o sussurro de Satã. Ele quer o sacrifício, ele quer a sua bebida.

Seus companheiros dizem que tudo isso é irrelevante, crendice ou ilusão! Fantasia! É apenas uma maneira de expor e tudo não é da maneira fantasiosa e mística como estão dizendo.

— As coisas não são bem assim... — Respondia um com desdém.

— Isso é coisa de gente alienada! — diz o alienado.

— Reparem! Só gente reprimida pelo pensamento místico acredita nisso! — diz o reprimido com pensamento místico.

— Vamos conversar? — tentavam por meio dessa pergunta firmar um monólogo na tentativa de manipular os entusiastas.

— Essa gente odeia muito, claro que odiarão o plano de regência! — diz quem odeia.

— Então expliquem o motivo tais coisas estarem expostas no plano de governo... — sugeria alguém na tentativa de entender.

A explicação não surge. Não existe uma resposta racional, por isso, o início de uma discussão em ataques pessoais é o desespero emanado. Ali, cada qual, nos ataques em desqualificar o outro, fala de si mesmo.

Lino poderia sumir.

Se soubesse como, sumiria.

O medo e o terror o assombram com a possibilidade de perpetuação da Ala Sinistra na Regência. Medos, dores, clausuras, os sacrifícios de inocentes são declaradamente expostos no plano sinistro de regência!

Nas discussões, é inacreditável que seus companheiros defendiam o velho regente sinistro, mesmo estando enjaulado por seus crimes.

"Como é possível?" espantava-se Lino da ignorância dos demais e de sua própria.

Lino ficou indiferente a tudo isso por tanto tempo. Teve seu tempo. Acordou mediante os horrores proclamados e, validados por ele mesmo com suas escolhas firmadas em seus compromissos. Cada qual tem um tempo para olhar o mundo com olhos livres de escamas. A mentira, em sua dose de veneno, se não matar, demora mais em uns do que em outros para desaparecer. Andando de mãos dadas com a mentira, sempre esteve o velho sinistro enjaulado, consumido em seus vícios tem a face do desgaste etílico ofertado por Pombero.

O velho regente sinistro enjaulado e Pombero partilham dos mesmos vícios. Partilham de amizade e inimizade. Ambos partilham da ebriedade, clausura e feiura.

Pombero ora sendo amigo, ora sendo inimigo, pode ser mais uma vez amigo de Lino.

"Mulher, bebida, tabaco"

Lino precisa sair. O ambiente tóxico o sufoca.

Está perto do desfecho semanal, alguns dias antes do segundo ato do Grande Sufrágio.

Lino lembra da taverna.

Lino lembra da Bela.

27. Rito de passagem

No encontro com desfecho da semana Lino, na parte escura que antecede a parte clara do dia do segundo ato do Grande Sufrágio, dessa vez sozinho, decide voltar até à taverna. Não quer admitir, no fundo, deseja reencontrar com Bela.

Ela o compreenderia, mesmo em sentido oposto, isso não importava, o encontro de vazios sanaria por instantes o desespero de uma realidade sem justificativa para um fundamento. Lino deseja um encontro, um encontro com algo.

Um encontro com alguém.

Buscando um referencial temporal mediante a última noite na taverna, mais ou menos no mesmo horário, vai até a parada coletiva e entra na condução.

É conduzido.

A condução o conduz.

O clima de terror está palpável no ar.

Mentiras são feitas com sangue e suor. As mentiras rastejam e lambem o Grande Sufrágio. Todo lodo da miséria humana está espalhado na urbe, no entanto o maior terror é o terror do encontro do Lino com o próprio Lino.

Chega na taverna.

Está fechada.

Criaturas rastejam ao redor. Sem sentido, sem direcionamento, as criaturas arrastam seus corpos em sentido do sentido nenhum. Acendem algo, consumem alguma coisa. Da luz se escondem. As trevas acolhem as criaturas rastejantes, junto com elas ali está. Não é o seu lugar. Lino espantado com o local é possuído pela ira de tal situação, sai dali.

Está transtornado.

Foi para a parada da condução coletiva rumo ao retorno de sua morada. Enquanto espera, pode contemplar cartazes colados em diversos lugares. Um mais repulsivo que outro.

Ataques, ataques e ataques.

Ataque.

A mentira é tão banalizada e fundamentada com outras mentiras em articulações mentirosas ao ponto de causar náuseas em quem tentasse vislumbrar a verdade.

"Esse é o plano!" Lino franze a testa e com espasmos furiosos rasga tudo o que contempla como mentira.

Mediante tantas mentiras, os sombrios querem causar náuseas no vivente que tentar vislumbrar a verdade. Lino finalmente acordou do sono embalado por melodias sinistras.

Gritou:

— Mentira, mentiras! Chega!

Espantados estão os viventes ali na parada da condução coletiva. Lino, vendo o espanto estampado na face e gestos dos demais, fica assustado e começou a correr.

"Correr para onde?" Não importa, mediante o desespero de não saber o que fazer, correr é esperar em movimento.

Corre.

Corre muito.

Corre até a próxima parada coletiva. Ali, acalmou-se um pouco e pode visualizar as mesmas mentiras expressas nos papéis colados nos mais diversos locais. A mentira o ronda. A mentira transpassa o ar entre Lino e as inscrições caluniosas. Reflete e não se arrepende do último ato na outra parada. Viu a condução coletiva se aproximar, rangendo os dentes e ofegante Lino faz sinal para embarcar.

O verme rosado, para ele, entra e então percebe que os conduzidos comentam algo e o apontam.

O olhar dos outros o acusa.

Logo supôs que são os mesmos viventes da outra parada coletiva, o reencontro está firmado ali, ali nas vísceras do animal híbrido. Todos submetidos aos pesos das próprias escolhas e partilham das mesmas escolhas provindas dos regentes. Firmam a mesma condição. Os olhares são certeiros e afiados, os olhares tocam a carne de Lino. Não se importa.

Quis sentar.

Consegue sentar.

Viu o tecido rosa.

Olhou para os fluídos.

Tenta ignorar.

Não consegue.

A carne do animal híbrido range no encontro com o metal da estrutura de seu esqueleto imposto pela técnica para servir os viventes.

Os tecidos e os fluídos pulsam. Dois fluídos distintos anseiam a união para a criação do terceiro. Agora, o tecido rosa e os fluídos o chamam pelo nome.

– Lino...Lino...

Lino tenta ignorar.

– Lino, Lino! Lino!

Lino ouve.

Inspirou.

Espirou.

Lino expirou.

Rangendo os dentes em um ataque de fúria, Lino crava suas unhas no tecido rosa e berrou para o condutor limpar melhor os fluídos da condução. O grande corpo da condução coletiva, formado por carne, metal, vísceras e fluídos, se retorce e agoniza.

O animal híbrido precisa expelir algo.

Algo dentro do corpo, fazendo parte do corpo,

quando algo do próprio corpo é expelido, gera dor. Muita dor.

A dor da própria carne dilacerada e rompida.

Sangue e pus serão a consequência.

Fluídos.

Ao expelir, surgem muitos fluidos. O asco e o nojo estão presentes em Lino.

Lino é expelido.

Para chegar até sua morada precisará caminhar e nessa caminhada, é preciso passar por uma passagem subterrânea. Por cima dessa passagem estão os sulcos para as conduções circularem. Isso mantém o fluxo. Isso mantém o fluido.

Do alto da entrada, contemplando a descida e a profundidade da passagem subterrânea, Lino sente o forte e asqueroso fedor. Sempre fede a passagem subterrânea, sempre é perigosa.

Sempre.

Lino está só.

Olhou de um lado, olhou de outro.

Entrou nas profundezas.

É o horário do demônio. Lino ouve os gatos acasalando em seus urros de dor na busca do prazer, ouve os animais da escuridão. Ouve uma cigarra fora do horário e fora do tempo. Ouve o vento no anúncio da passagem do tempo. Em poucas horas iniciarão o segundo ato do Grande Sufrágio. Ali na passagem subterrânea, na hora do demônio, na escuridão de um canto, pode estar o pobre Sarta Moita.

"Não, não, ele é muito perdido para conseguir chegar até aqui" concluiu.

Passo após passo percorre a passagem nas profundezas da terra. Lino ouve seus passos. Em cada passo ouvido, a certeza de estar só.

Ouve o gotejar de alguma infiltração.

Continua ouvindo seus passos.

A iluminação é falha. O chão a ser pisado é falho. Ali é uma das obras sinistras, como tal, da debilidade provinda, está falha. Lino entra em um trecho escuro, mais escuro que os anteriores. Coloca suas mãos nos bolsos de sua jaqueta e em um dos bolsos encontra o papelzinho entregue pela senhora humilde na condução coletiva. Sua concentração está em tentar ouvir seus passos, no ato, busca a certeza de estar só.

Um passo.

Mais um passo.

Ouve pés rastejando.

Lino não sente-se só.

Agora está em um trecho com um pouco de luz. Tenta ver se consegue enxergar o vivente de pés rastejantes. Nada encontra. Olha ao seu redor e nas paredes da passagem subterrânea vê inscrições que pedem amor, porém proclamam o ódio. Inscrições que proclamam a paz e emanam a guerra. Nas inscrições vê a data do atentado ao candidato benigno e em seguida uma comemoração inscrita em referência ao ocorrido. Sente asco de tal comemoração. Lembra do feriado desconhecido e ao reflexionar um pouco, percebeu o sentido do feriado.

Agora não é mais um feriado desconhecido. Lino teve assombro perante a própria ignorância. Nas inscrições, continuam os ataques e mentiras, nenhuma solução ou verdade.

Nas contradições o caminho reto é turvo. Por mais contraditório que parecesse para a vida levada até então por Lino, o postulante benigno, surge como o único caminho para sanar o doentio corpo da Regência. Se for apoiado pelos feitores, será muito bom. Bom será o momento de sua saída da passagem subterrânea.

Lino está só.

Lino não sente-se só.

Lino ouve novamente os pés rastejando em algum lugar. Olha para frente e percebe um vulto!

Vira assustado!

O vulto está do outro lado. Vira-se mais uma vez e não está aqui ou ali. Está sempre em um aí distinto do aqui e ali e do lá. Sempre está mais adiante, mais além ou mais aquém! O vulto está ali, aqui, aí e onde Lino tenta encontrar seja no ali, aqui não encontra. Sempre está em outro lugar! Lino desesperado começa a suar. O aqui e o ali, o mais adiante, e, o para cima e o para baixo são mutáveis. A mudança é movimento. Lino move a sua criação de mundo.

Com muito medo, fechou os olhos.

Inspirou.

Espirou.

Encolhido sente à vontade de estar sob a proteção dos seus pais. Talvez da casa deles nunca deveria ter saído. Tal vontade nesse momento é inútil. A vontade mescla-se com arrependimento das escolhas feitas.

O vulto está aí.

"Aí, ao seu redor, abra os olhos e enfrente!"

Inspirou.

Espirou.

Inspirou e espirou. Não pode voltar, o caminho para o fim é o mesmo que o caminho para o início. Abre os olhos lentamente e, mesmo com pouca claridade, lê uma inscrição na parede com dizeres da Ala Benigna.

Sorri.

Isso o acalma.

Recorda do código com o símbolo do postulante contraditor que a humilde senhora entregou, está ali, em seu bolso. Lembra de sua mãe, seu pai, sua família, seus amigos; dos velhos do vilarejo. Essas pessoas, depositam o compromisso no postulante benigno, elas não são tão más quanto os seus companheiros de labor, no efeito da alienação sinistra, dizem que elas são! Muito pelo contrário! Essas pessoas, queridas para o Lino, não estão nas qualificações impostas pelos sinistros aos entusiastas e simpatizantes do postulante benigno. Lino olha novamente para a inscrição, nela é possível ler:

A Verdade liberta.

O viés benigno é a esperança.

Subitamente lembra do dia do feriado desconhecido! É o dia do feriado da Pátria. Lino havia estado encoberto com a sombra sinistra, com seus valores corrompidos. Em contrapartida, vira o rosto e vê uma inscrição com dizeres próprios dos integrantes do Cerne, a dubiedade causou mal-estar. Suando frio, olha para outro lado e vê dizeres estruturados na ideologia da Ala Sinistra: a mentira e o ódio emanados nas inscrições proclamando caos e ataques fez Lino vomitar.

Vomita .

Vomita muito.

Seu corpo não aceita mais tantas distorções.

Lino limpou a boca e levanta.

Ficou paralisado.

Paralisou perante a lembrança de ter acreditado nessa ideologia sinistra, demoníaca. Fica paralisado por ter se distanciado de sua família, de sua criação, de suas origens, de si. Mantém o corpo com dificuldade para estar em pé, o suor frio é constante e também o gosto amargo do fel em sua boca.

Agora, apenas ouve a própria respiração.

Parado não ouve passos.

Com um pouco mais de atenção, volta a ouvir os pés rastejando.

Inspira.

Espira.

"*Impressão minha. Impressões minhas*" cabisbaixo mantém os olhos fechados.

Sente o vulto.

Agora, não é mais um vulto qualquer, o vulto em sua forma sombria, já começa a mostrar particularidades para o Lino.

Inspira.

Espira.

Inspira.

Espira.

O vulto está mais lento e denso.

Lino tenta, ele tenta controlar a própria respiração.

O vulto está próximo e anuncia sua presença.

O vulto está aí.

O vulto, está à sua frente.

Basta levantar a cabeça e Lino o verá.

Mesmo com os olhos bem fechados, para Lino, o vulto tem forma, tem peso. Tem presença.

O vulto o observa.

Lino sente isso com o próprio corpo. Estático,

sente o suor escorrendo. Seus fluídos ali estão. Fluídos seus, fluídos permeáveis em um mundo, um mundo sempre criado por Lino. Sente o seu inspirar e espirar. Sente o vulto à sua frente e no silêncio feito após os barulhos da hora do demônio o vulto inspira e espira.

Lino inspira.

Lino espira.

O vulto inspira.

O vulto espira.

Lino expirou.

Mantém os olhos fechados, levanta a cabeça lentamente e a direciona para onde está vulto.

Realmente o vulto o observa, aí está e anuncia a sua existência.

Lino abre os olhos e vê o Pombero.

No caminho das profundezas da terra, no aí em confrontos de presenças, Lino e Pombero, frente a frente em um encontro firmado em tempos sombrios.

A ficção continua...

...se você e eu estivermos vivos.

O AUTOR

No presente momento, estou sendo Leonid R. Bózio, o início deste estar entre nascer e morrer foi no dia 7 de setembro de 1982 em Céu Azul e criado em Foz do Iguaçu, ambas cidades do Paraná, desde o início do milênio vivo em Brasília, Distrito Federal.

O livro **Tempos Sombrios**, é o primeiro de uma coleção intitulada **Autofagia**, tal obra surgiu no tempo que cursava a graduação de Filosofia na tentativa de estruturar por meio de ficções o pensamento filosófico partindo da teoria existencialista exposta no meu livro **Sartre: o homem como criador do seu próprio mundo**, disponível na **AMAZON**. Para publicar agora, em 2018, mais de dez ciclos solares após o esqueleto da ideia inicial, busquei contextualizar os escritos e para isso foi preciso visitar o Leon universitário. Uma experiência única.

Em breve lançarei os outros livros da coleção **AUTOFAGIA**, parte dos meus escritos sobre Martin Heidegger e um vasto material para o Mercado Financeiro.

Por meio do meu site, www.DomLeon.com.br, tento estabelecer o contato com quem busca a comunicação. Caso queira interagir nas redes sociais, use a hashtag **#AUTOFAGIA** e buscarei lhe encontrar. Dentro do possível, mediante as inúmeras possibilidades, será uma alegria imensa, mesmo que virtual, um encontro.

Um encontro não com o Pombero ou com a morte, talvez com a Bela ou uma bela.

Talvez com você.

Eu disse...talvez.

Lives no YouTube

De segunda a sexta-feira tento entrar no meu canal no YouTube para dialogar com os inscritos e leitores por meio de lives, **Um Chá com o Leon** inicia às 20h e se estende até às 21h o horário ainda é mutável. Quem determina a mudança? O tempo...a condição e imposições do mundo e você. Você, os leitores e inscritos.

Para saber mais, segue o direcionamento do meu universo digital:

AMAZON:
https://www.amazon.com/Leonid-R.-B%C3%B3zio/e/B01N1R0FYW

Site:
https://domleon.com.br/

Twitter:
https://twitter.com/leonidbozio

Instagram:
https://www.instagram.com/leonidbozio/

GAB:
https://gab.ai/domleon

YouTube:
https://www.youtube.com/c/domleonid

FaceBook:
https://www.facebook.com/domleonid

Inspire...espire...e...
Comunique-se! ;)

---

[i] *Jesus eu confio em Vós!* - De acordo Santa Faustina Kowalska, diário I, sessões 47, 48 e 49, Jesus surgiu e pediu para que fosse feita uma imagem tal e qual Ele se apresentou e com a inscrição **JEZU UFAM TOBIE**!

[ii] *A Cruz Sagrada seja a minha luz / Não seja o dragão o meu guia. /Retira-te, satanás / Nunca me aconselhes coisas vãs. /É mau o que me ofereces / Bebe tu mesmo o teu veneno.* Fórmula medieval de exorcismo, a origem é associada a São Bento de Núrsia.

[iii] no original: / Yo adivino el parpadeo / de las luces que a lo lejos, / van marcando mi retorno. / Son las mismas que alumbraron, / con sus pálidos reflejos, / hondas horas de dolor.

[iv] Tango *Volver* de 1935 a letra é de Alfredo Le Pera e a música de Carlos Gardel.

[v] Pombero: Criatura da mitologia guarani muito viva no imaginário popular. No caso, trago as referências orais da Vila Carimã situada no oeste do Paraná, na cidade de Foz do Iguaçu, e, às margens do rio Iguaçu fronteira com a Argentina.

[vi] Kaayguá: Trago a maneira e o sentido de conforme aprendi com os antigos moradores da

tríplice fronteira Brasil-Paraguai-Argentina. A palavra *Kaayguá*, também é encontrada grafada *Ka´ayguá* e em outras variações em menores proporções. O fato é estruturar a palavra em três partes, a erva-mate (*Ilex paraguariensis*), a água e o recipiente. *Kaa* para a erva-mate, *y* para água e *guá* o recipiente.

[vii] O yanten - *Plantago major* - ou llatem, tansagem, é uma planta muito utilizada na cultura popular enquanto anti-inflamatória e para desintoxicar o fígado. No geral, as diversas partes da planta, são utilizadas para tratar enfermidades do aparelho digestório.

[viii] Daí: Expressão regional para iniciar ou terminar uma frase. Em particularidade mais específica, no caso dos velhos e rapazes na bodega, a expressão é utilizada para terminar a frase.

[ix] Substantivo que se refere a um grupo de piás. Piá, por sua vez, palavra de origem guarani, é um substantivo masculino referente a menino.

[x] Geralmente o terço ou Rosário feito com as contas da madeira da erva-mate (*Ilex paraguariensis*) é dedicado na devoção de Nossa Senhora de Caacupé.

[xi] O chapéu-de-couro - *Echinodorus macrophyllum*, é uma planta medicinal e usada, na cultura popular, em infusão para combater dores reumáticas.

[xii] Romero: mais conhecido no Brasil como alecrim - *Rosmarinus officinalis*. Na cultura popular, sua infusão é recomendada para quem está com o corpo

debilitado e sofre de dores.

xiii Jasy Jaterê ou Yasy Yateré é uma criatura da Mitologia Guarani, é um dos filhos de Tau e Kerena. Conhecido como o senhor da sesta, momento do cochilo após o almoço. De acordo com a cultura local, a criança que não dorme no horário da sesta é levada para a floresta por Jasy Jaterê.

xiv Embaúba é do gênero Cecropia (Cecropia pachystacha; Cecropia peltata; Cecropia obtsusai) árvore muito comum no Oeste do Paraná, Leste do Paraguai e Norte da Argentina. Produz um fruto pontiagudo e levemente adocicado conhecido como banana-de-mico. Na cultura local, há quem diga que é a fruta favorita do Pombero.

xv As folhas da embaúba são coletadas, secas e armazenadas para o consumo chá por meio da infusão. Na cultura popular, o chá das folhas da embaúba é consumido para baixar o colesterol e ajudar no emagrecimento.

xvi *Karaí pyhare* é um dos nomes do Pombero, no caso, em guarani quer dizer senhor da noite.

xvii Morador de uma vila, vilarejo.

xviii Uma variante da devoção à Imaculada Virgem Maria.